3D図解による 建築構法
第二版

松村 秀一　編著
小見 康夫　著
清家 剛
平沢 岳人
名取 発

市ケ谷出版社

まえがき

　建築構法とは，建築の物としての構成方法のことである。

　建築は，最終的に物として造られるわけだから，構法のことを知らなければ，施工はもちろんのこと建築の設計すらできない。建築を学ぶ者にとって，建築構法は基本中の基本と言える対象であり，建築を学ぶことのできる大学や専修学校などでは，建築構法の科目が必ず用意されているはずである。科目名は「建築構法」という場合もあれば，「一般構造」や「構造概論」などと別の名称があてられている場合もあるだろう。

　本書は，その建築構法を学ぶための教科書として作成された。

　執筆者は私も含め，長年建築構法を自らの専門分野として，大学で研究・教育に携わってきたメンバーである。建築構法という科目の扱うべき対象が多岐にわたっているために，検討段階では，盛り込みたい内容，紹介したい構法やその実例も多くなってしまった。しかし，それでは本の厚みは数百頁になり，およそ大学等で一般的に見られる2学期程度の講義では扱いきれないものになってしまう。

　本書では，主として初学者が学習することを念頭に，建築構法を理解する上で基本的な事柄と今日の日本で一般的にみられる建築構法に対象を絞って，平易な文章とわかりやすい図でそれらを解説することを心掛けた。それらをしっかりと学んでおくことで，今後より広い範囲で古今東西の建築構法を理解するための基礎的な力をつけておくことが肝要と考えた。

　建築構法を学ぶ上では，それを立体的に理解することがとても大切である。一般的な設計図面では，それを断面詳細図や平面詳細図で表現しているが，まだ一般的な建築構法を十分に知らない学生諸君にとっては，そうした図面から建築構法を立体的に理解することは困難であろう。

　本書では，多くの建築構法について，新たに三次元モデルに基づくCGを作成，掲載している。このCG作成には多大な労力を要したが，結果的にこれまでの類書にはない理解のしやすさを実現できたと自負している。

　学生諸君が本書の内容を学習することで，建築構法に関する基礎的な知識と考え方をしっかりと身に付け，それを土台に建築設計の演習や建築学各分野の講義などの学習を進め，その成果を建築の全体像に結び付けられるようになることを，著者一同大いに期待している。

2016年12月

松村　秀一

第二版発行にあたって

　2014 年に本書が出版されてから，いろいろな所で教科書などとして利用して頂き，また著者一同も自ら教科書として利用してきた。その中で，より学びやすく，教えやすくするために加筆・修正すべき箇所が少なからずあること，より見やすい図面表現があることなどを確認した。今回の改訂にあたっては，それらの箇所に大幅に手を入れるとともに，モノクロで理解しにくい図，写真の多くをカラーにしたりして，よりわかりやすい教科書を目指した。

　この第二版が，建築構法を学ぶ方，教える方にとってより良い内容になっていればと著者一同願っている。

　2016 年 12 月

　　　　　　　　　　　　　　　　　　　　　　　　　　　　　　　　　　　松村秀一

本書の使い方

　本書は，建築の初学者を対象としたものであり，主として大学学部の比較的早い時期，あるいは工業高等専門学校，専修学校の学生が入学時から学習することを想定して構成・執筆している。

　全体では 8 章，30 節からなり，通年の授業では，1 回の講義で概ね 1 節を進めることを目安としている。

　1 章では，建築構法を様々な観点から概観し，全体の導入部となる。

　2 章は，基礎の構法で，まず地盤と建物の下部構造について扱う。

　3 章から 7 章までは，建物の上部構造で，構造種別による構法を扱っている。

　　構法の教科書としては，大きく構造種別の「躯体構法」と，それらに付随する床・壁・天井・開口部などの「各部構法」とに分け，それぞれ解説する方法もあるが，本書では，それぞれの構造種別の中で，必要に応じて，各部構法に関する内容を扱った。

　　構造種別ごとに，躯体から仕上げまで一通りの内容を学べるのがその狙いで，したがって，必ずしも目次の順番通りに進めなくても構わない。ただし，躯体種別に拠らず共通する各部構法については，概ね木造構法（あるいはそれが最もよく採用される躯体種別）の中で扱っているため，索引などを使って適宜それらを参照されたい。

　　8 章では，締めくくりとして著名な建築における構法の実例を，詳細な CG により再現した。これらは必要に応じて適宜（何度も）参照してほしい。

　建築構法は，建物の設計手法や建設・生産技術と一体不可分であり，時代とともに移り変わるのが常である。

　本書では，現在，わが国で一般的に用いられる建築の構法を広く取りあげたが，最近では既に用いられなくなったようないくつかの構法も敢えて残している。既存建物の診断や改修において，これからも欠かせない知識となるからである。

本書の執筆分担と執筆・図版作成にあたって

　本書の執筆分担は下記のようになっているが，まず全員で執筆する内容・項目を具体的に精選した。そして，書かれている内容についても，細部にわたって審議した。

　したがって，執筆分担とは最初の原稿を作成した者で，書かれている内容については，執筆者全員のコンセプトということができる。

執筆分担
　　第1章　松村秀一，清家　剛　　　第5章　小見康夫
　　第2章　小見康夫　　　　　　　　第6章　名取　発，清家　剛
　　第3章　平沢岳人　　　　　　　　第7章　松村秀一，小見康夫，名取　発
　　第4章　名取　発　　　　　　　　第8章　松村秀一

図版の作成について

　建築構法は，建築を構成する複数の要素の納め方を考える学問であり，各要素の形状に対してとりわけ気を使うが，本書の挿入図の作成においても同じ態度で臨むことにした。線ではなく面の表現に努め，場合によっては面の交錯で生まれる陰影も描画することで，建築を構成する要素それぞれの形状が際立ち把握しやすいようにした。

　図の作成手法は，3次元CADに各部ディテールの形状モデルを入力し，本文説明に適した視点位置および視野角でレンダリングするというものである。本書の挿入図の大半でこの手法をとったので，作図に掛かる作業量は膨大であった。気が遠くなるような作業に快く協力してくれた千葉大学大学院平沢研究室の面々に，感謝の意を表する。

　　図版作成協力者　千葉大学大学院　平沢研究室
　　　　加戸啓太，飯村健司，中林拓馬，田中智己，黒澤紀之，
　　　　佐藤大樹，福井雅俊，長谷川俊輔，會田健太朗，正木亮

第二版の図版の作成に関して

　思いのほか早く第二版を出版することになり，CADで作成した図版全体を見直す機会が得られた。初版時に協力してくれた学生達の大半は卒業したが，当時の学生のうち2名が辛うじて研究室に在籍して，特に加戸啓太君（現千葉大学助教）には，多大な協力を得た。厚く感謝する。

　具体的な見直し作業のうち，パースの掛かり具合を全体を通して調整した。パースのカメラ設定は作業前に5段階分用意したが，アクソメへの期待に応じる意味もあり，結果的には画角が小さい方の2段階のみを採用した。

　図版の長期的な維持管理は，かなり困難な仕事だということに気付かされた。CADシステムにより作成した図版の維持管理は今後の課題である。

　　第二版の図面作成・修正協力者
　　　千葉大学大学院　加戸啓太，田中智己

目　次

第1章　概論：建築と構法

1・1 建築構法とは ─────────────────── 2
 1・1・1 「建築」という言葉の意味 ─── 2
 1・1・2 「建築構法」は物の構成方法 ─── 3
 1・1・3 物の選択，並べ方，接合方法が大事 ─── 4
 1・1・4 建築構法を学ぶ上で大切なこと ─── 5

1・2 材料と構法 ─────────────────── 6
 1・2・1 材料の使われ方 ─── 6
 1・2・2 材料によって変わる建築 ─── 6
 1・2・3 土，煉瓦など ─── 7
 1・2・4 石材 ─── 8
 1・2・5 木材などの植物 ─── 9
 1・2・6 獣皮・布・膜 ─── 10
 1・2・7 金属・ガラス ─── 11

1・3 性能と構法 ─────────────────── 12
 1・3・1 様々な性能と構法 ─── 12
 1・3・2 設計条件としての要求性能 ─── 13
 1・3・3 構造躯体に求められる性能 ─── 13
 1・3・4 外装に求められる性能 ─── 15
 1・3・5 内装に求められる性能 ─── 18
 1・3・6 耐久性 ─── 19

1・4 設計プロセスと構法 ─────────────── 21
 1・4・1 建築設計のプロセス ─── 21
 1・4・2 企画と構法 ─── 21
 1・4・3 基本設計と構法 ─── 22
 1・4・4 実施設計と構法 ─── 23
 1・4・5 施工段階と構法 ─── 24
 1・4・6 構法の検討の流れ ─── 25

1・5 生産と構法 ─────────────────── 26
 1・5・1 建設に参加できる人や組織 ─── 26
 1・5・2 建築生産の工業化と現代構法 ─── 26
 1・5・3 効果的な分業を成立させる構法 ─── 27
 1・5・4 建築のライフサイクルと構法 ─── 29

第2章　基礎の構法

- 2・1　地　業 ———————————————————————— 32
  - 2・1・1　地業とは ………………………………… 32
  - 2・1・2　地盤と地層 ……………………………… 32
  - 2・1・3　地盤調査 ………………………………… 33
- 2・2　基　礎 ———————————————————————— 34
  - 2・2・1　直接基礎・割ぐり地業 ………………… 34
  - 2・2・2　杭基礎・杭地業 ………………………… 35
  - 2・2・3　根切り・山留め ………………………… 36
  - 2・2・4　地下室 …………………………………… 37
  - 2・2・5　地縄・遣り方 …………………………… 38
  - 2・2・6　床下工事 ………………………………… 39

第3章　木造Ⅰ　在来軸組構法

- 3・1　材　料 ———————————————————————— 42
  - 3・1・1　木材の性質 ……………………………… 42
  - 3・1・2　樹種と材料強度 ………………………… 43
  - 3・1・3　製材 ……………………………………… 44
  - 3・1・4　木質材料（エンジニアードウッド）… 45
- 3・2　躯体構法1 ——————————————————————— 47
  - 3・2・1　在来軸組構法 …………………………… 47
  - 3・2・2　柱 ………………………………………… 52
  - 3・2・3　桁・胴差 ………………………………… 53
  - 3・2・4　筋かい・貫・間柱 ……………………… 54
  - 3・2・5　小屋組・床組 …………………………… 56
- 3・3　躯体構法2 ——————————————————————— 61
  - 3・3・1　継手・仕口 ……………………………… 61
  - 3・3・2　補強金物 ………………………………… 63
- 3・4　屋根の構法 ——————————————————————— 64
  - 3・4・1　屋根の種類 ……………………………… 64
  - 3・4・2　屋根の葺き方 …………………………… 66
  - 3・4・3　瓦 ………………………………………… 66
  - 3・4・4　金属板葺き ……………………………… 67
  - 3・4・5　スレート葺き …………………………… 68
- 3・5　外周壁の構法 —————————————————————— 69
  - 3・5・1　板壁 ……………………………………… 69
  - 3・5・2　サイディング …………………………… 70
  - 3・5・3　塗り壁 …………………………………… 71

3・6 内装構法 ─────────────────────────── 72
   3・6・1 内部仕上げ ……………………………………………… 72
   3・6・2 内壁 …………………………………………………… 74
   3・6・3 天井 …………………………………………………… 77
   3・6・4 階段 …………………………………………………… 80
   3・6・5 開口部 ………………………………………………… 82

第4章　木造Ⅱ　その他の木造構法

4・1 ツーバイフォー構法 ─────────────────────── 88
   4・1・1 概要 …………………………………………………… 88
   4・1・2 材料 …………………………………………………… 89
   4・1・3 躯体構法 ……………………………………………… 90
   4・1・4 内外装の構法 ………………………………………… 92
4・2 丸太組構法，その他 ─────────────────────── 93
   4・2・1 材料と躯体構法 ……………………………………… 93
   4・2・2 大断面集成材構法，その他 ………………………… 95

第5章　鉄骨造の構法

5・1 鋼　材 ─────────────────────────────── 98
   5・1・1 鋼材の歴史 …………………………………………… 98
   5・1・2 鋼材の性質 …………………………………………… 98
   5・1・3 鋼材の種類 …………………………………………… 99
   5・1・4 鋼材の接合方法 ……………………………………… 100
5・2 躯体構法 ───────────────────────────── 101
   5・2・1 ラーメン構造 ………………………………………… 101
   5・2・2 一方向ラーメン・一方向ブレース構造 …………… 103
   5・2・3 山形ラーメン構造・トラス構造・スペースフレーム構造 … 104
   5・2・4 鋼管構造 ……………………………………………… 106
   5・2・5 張弦梁構造 …………………………………………… 106
   5・2・6 軽量鉄骨構造 ………………………………………… 107
5・3 屋根の構法 ──────────────────────────── 108
   5・3・1 鉄骨造の屋根構法 …………………………………… 108
   5・3・2 折板屋根 ……………………………………………… 108
   5・3・3 波板葺き ……………………………………………… 109
   5・3・4 陸屋根 ………………………………………………… 110
   5・3・5 その他 ………………………………………………… 110
5・4 外周壁の構法 ─────────────────────────── 111
   5・4・1 カーテンウォール …………………………………… 111

5・4・2　カーテンウォールの種類……………………………………………………111
　　　5・4・3　カーテンウォールにおける層間変位追従の仕組み………………………113
　　　5・4・4　カーテンウォールにおける防水の仕組み…………………………………114
　　　5・4・5　その他の外周壁構法…………………………………………………………115
5・5　**開口部とグレージング**━━━━━━━━━━━━━━━━━━━━━━━━━116
　　　5・5・1　グレージングとは……………………………………………………………116
　　　5・5・2　ガラスの歴史…………………………………………………………………116
　　　5・5・3　ガラスの種類…………………………………………………………………117
　　　5・5・4　サッシの機能と構成…………………………………………………………118
　　　5・5・5　フレームレス構法……………………………………………………………120
5・6　**内装構法**━━━━━━━━━━━━━━━━━━━━━━━━━━━━━━122
　　　5・6・1　オフィスビルの床構法………………………………………………………122
　　　5・6・2　オフィスビルの壁・天井構法………………………………………………123

第6章　鉄筋コンクリート造の構法

6・1　**材　料**━━━━━━━━━━━━━━━━━━━━━━━━━━━━━━━128
　　　6・1・1　鉄筋コンクリートとは………………………………………………………128
　　　6・1・2　コンクリート，鉄筋の性質…………………………………………………128
　　　6・1・3　配筋……………………………………………………………………………129
　　　6・1・4　型枠……………………………………………………………………………130
　　　6・1・5　コンクリートの調合・打設…………………………………………………131
6・2　**躯体構法**━━━━━━━━━━━━━━━━━━━━━━━━━━━━━━133
　　　6・2・1　壁式構造………………………………………………………………………133
　　　6・2・2　ラーメン構造…………………………………………………………………134
　　　6・2・3　プレストレストコンクリート構造，フラットスラブ構造………………137
　　　6・2・4　その他の構造…………………………………………………………………138
6・3　**屋根の構法**━━━━━━━━━━━━━━━━━━━━━━━━━━━━━140
　　　6・3・1　アスファルト防水屋根の構法………………………………………………140
　　　6・3・2　シート防水屋根の構法………………………………………………………142
　　　6・3・3　ステンレス防水屋根の構法…………………………………………………142
　　　6・3・4　その他の屋根の構法（塗膜防水等）………………………………………142
6・4　**外周壁の構法**━━━━━━━━━━━━━━━━━━━━━━━━━━━━143
　　　6・4・1　コンクリート打放しの構法…………………………………………………143
　　　6・4・2　吹付け仕上げの構法…………………………………………………………143
　　　6・4・3　タイル張りの構法……………………………………………………………143
　　　6・4・4　その他の外周壁の構法………………………………………………………145

6・5 内装構法 — 146
6・5・1 集合住宅の床構法 — 146
6・5・2 集合住宅の天井構法 — 147
6・5・3 集合住宅の内壁構法 — 147
6・5・4 その他の内壁構法 — 148

第7章　その他の非木造の構法

7・1 プレキャストコンクリート構造 — 150
7・1・1 概要 — 150
7・1・2 PCa 壁式構造 — 151
7・1・3 PCa 壁式ラーメン構造 — 152
7・2 鉄骨鉄筋コンクリート造 — 154
7・2・1 概要 — 154
7・2・2 材料と設計法 — 155
7・2・3 躯体構法 — 156
7・2・4 内装・設備 — 156
7・3 鋼管コンクリート造 — 157
7・3・1 概要 — 157
7・4 ハイブリッド造 — 158
7・4・1 概要 — 158
7・4・2 各種事例 — 158

第8章　実例に見る建築構法

1　富岡製糸場繰糸工場　【洋風木造建築の構成】 — 162
2　白川郷の合掌造り・旧中野義盛家住宅　【茅葺民家の架構】 — 164
3　軽井沢の山荘　【混構造の小さな家】 — 166
4　日本生命日比谷ビル　【重厚な石張り外装】 — 168
5　東京カテドラル聖マリア大聖堂　【HP シェルによる造形】 — 170
6　パレスサイド・ビルディング　【金属部品で構成された多機能な外壁】 — 172
7　霞が関ビルディング　【超高層建築向けカーテンウォールの典型】 — 174
8　熊本県立美術館　【耐久性向上のため積み重ねられた構法改良】 — 175
9　セキスイハイムM1　【鉄骨ラーメンによる単純な箱から成る住宅システム】 — 176

索　引 — 178

第 1 章

概論：建築と構法

1・1　建築構法とは …………………… 2
1・2　材料と構法 ……………………… 6
1・3　性能と構法 ……………………… 12
1・4　設計プロセスと構法 …………… 21
1・5　生産と構法 ……………………… 26

　本章では，建築構法の意味，建築学や建築実務全体の中でのその位置付けを中心に学習する。要点は次のとおりである。

(1)　構法とは，建築の本質の一つである空間の構成と物の構成のうち，物の構成のことである。

(2)　構法は，地域や時代によって入手性の異なる材料や生産資源の影響を強く受けることで，地域や時代によって様々に考えられ，つくられてきた。

(3)　構法は，建築に要求される各種の性能を実現するために考えられ，建築の設計プロセスの進行にしたがって，順次詳細に決められていく。

1・1 建築構法とは

1・1・1 「建築」という言葉の意味

最初に「建築」という言葉の意味を考えてみよう。2つの漢字はそれぞれ「建てる」，「築く」であり，そのままだと「建て築くこと」あるいは「建てられ築かれたもの」というような意味になる。前者は「建設」とほぼ同じ意味になるし，後者は「建物」と言い換えることもできる。

それでは，「建築」という言葉の意味は「建設」や「建物」と同じだろうか。建築学を学び始めた皆さんの多くは，「建築」という言葉の中にもっと別の意味が含まれているように感じると思う。

英語で言えば少しわかりやすくなる。全く異なる言葉が当てられているからだ。「建築」は「アーキテクチャ（Architecture）」の訳語である。これに対して「建設」も「建物」も英語では「ビルディング（Building）」にあたる。そして，「アーキテクチャ」と「ビルディング」は少々異なる概念だといえる。

例えば，「これはただの『ビルディング』であって『アーキテクチャ』ではない」というような言い方を聞くことがある。また，「アーキテクチャ」の場合，「コンピュータのアーキテクチャ」や"the architecture of a novel（小説の筋立て）"という用例に代表されるように，建物とは全く異なる何かを指し示すことがある。

その建物とは全く異なる何かを意味する別の言葉を探すとすれば，最も適当な言葉は「構成」であろう。そして，「建築」あるいは「アーキテクチャ」という言葉の意味を「建物，それを建てる行為，および建物に関わる構成」と理解すれば，「建設」や「建物」，「ビルディング」といった類似語との同異も含めてかなりすっきりしてくる。

図1・1 「建築」の意味

図1・2 日本の伝統建築の構成美（吉島家住宅）

図1・3 西洋の伝統建築の構成美
（パンテオン（ローマ））

1・1・2 「建築構法」は物の構成方法

「建築」という言葉が意味する「建物に関わる構成」には，2種類の「構成」がある。空間の構成と物の構成である。

教会を例にとれば，空間の構成の方は「天井が高く幅の広い主空間の両側に，少し天井が低く幅も狭い側空間がある」といったことになるだろうし，物の構成の方は「切り石を積み上げた柱の頂部同士が，石でできたリブで結ばれ，そのリブの間にやはり石でできたヴォールト天井が架け渡される」といったことになるだろう。このうち，物の構成あるいは構成方法のことを「**建築構法**」という。

「**構法**」という言葉は「構築方法」や「構造方法」という意味でも用いられているが，本書ではそれらの意味も含みつつ「構成方法」という意味で用いている。英語には適切な訳語がないが，"building construction"，"building system"，"architectural detail" 等の概念を含むことになる。

紛らわしい日本語として「**工法**」という言葉があるが，これは「施工方法」の略と解すればよく，構成方法を意味する「構法」とは異なる。ただし，「枠組壁工法」や「プレキャストコンクリート大型パネル工法」のように，単に施工方法だけでなく物の構成方法を含意している用法も少なくないし，逆に「構法」が施工方法を含意している用法も珍しくない。

そうした事情から「構法」と「工法」を画然と分けて使うことが難しい場合に，「**構工法**」という言葉を使うこともある。

1．空間の構成

（旧サン・ピエトロ断面図）

2．物の構成＝「建築構法」

（ゴシック聖堂（パリ建築・文化財博物館所蔵の模型 写真提供：森田芳朗氏））

図1・4 2種類の構成

1・1・3 物の選択, 並べ方, 接合方法が大事

それでは,「構法」が意味する物の構成とは何だろうか。

例えば, タイル貼りの壁とアルミサッシの窓でできた外壁を考えてみよう。「この外壁はタイルとアルミとガラスで出来ている」といっただけでは物の構成を十分に説明したことにならない。少なくとも, タイルの大きさ, 厚み, 色も説明してほしいし, タイルがどのように並べられているかも説明してほしい。窓についても, 位置, 大きさ, アルミサッシの断面寸法, 色, ガラスの種類などの説明は必要だろう。

しかし, これでも物の構成の説明としては十分ではない。タイルが鉄筋コンクリートの壁に貼られているのであれば, その壁の厚みや内部の配筋の様子も説明しなければならないし, タイルが鉄筋コンクリートの壁に何で貼り付けられているかについても説明が必要だ。もちろんアルミサッシと鉄筋コンクリート, アルミサッシとガラスのとめ付け方も説明されるべきだ。

つまり, 構法にとっては, 構成要素としての物（材料）はもちろんのこと, その並べ方, 相互の接合方法が重要である。そして, そのそれぞれには要求される性能がある。この例の場合, タイルやアルミサッシ自体の耐久性能, タイルと鉄筋コンクリートの付着性能, 鉄筋コンクリートとアルミサッシの間の防水性能などである。

要求される性能条件を満たすのに, どのような物の選択, 並べ方, 接合方法があるか, 言い換えれば要求を満たす建物の部分部分の構法については, そのことが経験や実験などによって確認された構法がいくつも存在する。これらの部分部分の構法のことを**各部構法**という。例えば, 床の構法, 壁の構法といった具合である。そして, これらを組み合わせることで建築全体の構法が形作られる。したがって, 建築を造ったり理解する上では, 多くの各部構法について知っていることが大切である。

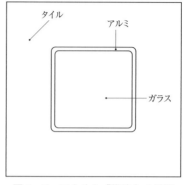

図1・5 不十分な「構法」の説明

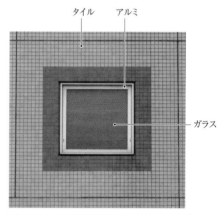

図1・6 「構法」をある程度説明できる立面写真（つくばセンタービル筑波第一ホテルの例, 写真提供：脇山善夫氏）

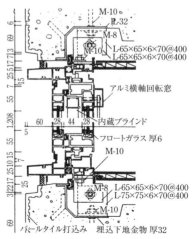

図1・7 「構法」を説明した断面図（つくばセンタービル筑波第一ホテルの例）

1・1・4 建築構法を学ぶ上で大切なこと

現代の建築は，工学の成果に基づいて設計され施工されている部分が多い。そのため，工学的な解析や実験，それに基づく設計上の理論や規範の類に強く規定されている。しかし，建築構法についていえば，解析や実験によってではなく，経験的に性能などが確認された方法である場合が少なくない。その結果，建築構法には，地域や時代による経験の違いが反映されやすい。この事情は，言語体系が国によって異なり，地域ごとに方言が存在すること，また，時代によって文章表現が違うこととよく似ている。

ある地域や時代に固有な経験に基づく建築構法は，その地域や時代に固有な美意識や生活文化，そして産業構造と密接に結び付いており，その意味で優れて文化的なものである。したがって，今日のように様々な地域や時代の情報に接することが容易で，多くの建築構法を知ることができる時代においては，特に，それぞれの建築構法を成り立たせている文化的な背景を十分に理解する必要がある。

本書は，初学者が現代日本の建築構法について学ぶことを主に想定した内容になっているが，それは日本での実務に役立つだけでなく，それと比較することで異文化理解を促すような基礎知識としても役立つものと考えている。

また，先に「多くの各部構法について知っていることが大切である」と述べたが，どんなに各部構法に関する知識が豊富でも，建築全体として何を実現しようとしているかが明確でなければ，建築は豊かなものにならないし，各部構法相互の組合せ，言い換えると相互の役割分担や相性が適切に考えられていなければ良い建築にはならない。

建築構法においては，建築全体の明確な目標設定と部分に関する的確な知識，そしてその相互を結び付ける明快な筋立てが大切である。建築構法を学ぼうとする皆さんには，常にこの全体と部分の関係を意識してもらいたいと思う。

図1・8 高温多雨地域である高知の住宅。水切瓦が特徴的。(写真提供：安藤邦廣氏)

図1・9 豪雪地域秋田の民家。屋根の谷部分の杉皮を葺き込んだ「虎葺き」が特徴的。(写真提供：安藤邦廣氏)

1・2 材料と構法

1・2・1 材料の使われ方

建築は大量の材料によって造られるため，昔から建設地の近辺で入手可能なものを使ってきた。したがって，建築に使用される材料には，地域性がある。

地域性のある材料としては，自然素材である土，石材，木材などがあげられる。輸送や流通の発達した現在においても，例えば，森林が豊富な国では木造が発達しているなどの傾向はある。

建築物は，その材料によって実現できる大きさ，形，性能などが異なる。そして材料ごとに，建築物を支える構造部材，あるいは仕上げ材などの非構造部材として，それぞれ異なる構法で用いられる。

1・2・2 材料によって変わる建築

建築に求められる基本的な機能は，外部空間と内部空間を分けることである。そのために，木材などによって屋根をかけるだけの単純な構造が世界各地で見られる。この場合，床は地面に穴を掘るような形式のものであった。日本の縄文期の竪穴式住居がこれにあたる。

こうした単純な構造では空間の大きさに限界があるため，部材を組み合わせて大きな架構をつくるようになっていく。さらに，屋根だけでなく，床，壁が造られるようになる。これらも地域で入手可能な材料を中心に発達してきた。

単純な構造方式として，壁で屋根や床を支える構造がある。その代表的なものである**組積造**は，煉瓦，石，ブロックなどを積み上げて壁を造るものである。木材によるログハウスや校倉造りも同様の方式である。

組積造では高層化することにより壁が厚くなる。また，内部空間の大きさにある程度の限界があり，大きな開口部を造るのが難しいため，閉鎖的な内部空間になりがちである。

より大きな空間を覆うために，構造方式が発達

図1・11 アーチによる構造（フォロ・ロマーノガレリア）

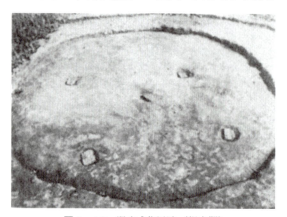

図1・10 竪穴式住居跡（縄文期）

図1・12 大空間をもつ教会の控え壁（ケルンの大聖堂）

してきた。組積造から発達してきたのが**アーチ構造**，あるいは**ヴォールト構造**である。これらは組積造を曲線状に積み上げてある程度の大空間を覆うことによって可能になる。教会などがこの形式で造られてきたが，空間が大きくなると，それを支える周囲の控え壁が大きくなる。現代的な方法としては，アーチ，トラス，シェルなど，様々な方式が鉄やコンクリートなどの材料との組み合わせで発達してきている。

このように，地域の材料による構造から，現代的な材料に変化することで，より高く，より大きな空間，明るい開放的な空間が実現できるようになってきた。

つまり，建築材料の技術的な発展は構法に影響を与え，新しい建築物を生み出してきた。

1・2・3 土，煉瓦など

世界各地で利用されている材料として，土があげられる。土を乾かして**日干煉瓦**にする，あるいは高温で焼いて**焼成煉瓦**にするという使い方は，古くから世界中に広く普及している。土は煉瓦以外にも，タイル，瓦などの焼き物としても広く使われている。また，土壁などの材料としても使われている。これらの原料となる土は，粘土を多く含んでいるものが使用された。

日干煉瓦は，泥などを型に入れ，乾燥させてつくる。主として乾燥した地域でつくられ，積み上げて組積造の構造材料として使われている。高度な製造・施工技術の必要がないことから，現代でも世界的にみれば多くの地域で一般的に使われている。

成形した土を高温で焼成したものが焼成煉瓦で，単に煉瓦とも呼ばれる。古くから使われている材料であり，原料となる土だけでなく，焼成するための燃料も地域の材料として必要になる。

煉瓦を積み上げて壁を造る構法は現在でも広く使われており，接着のために間にモルタルなどを充填することが一般的である。煉瓦の積み方には，いくつかの種類がある。積み方の代表的なものには，**イギリス積み**（イングリッシュ・ボンド）と**フランス積み**（フレミッシュ・ボンド）という方式があり，それぞれ壁面の煉瓦の見え方が異なる。また，煉瓦を積むためには図1・14のように，通常の煉瓦を長手方向で半分に割るなどの

図1・13 日干し煉瓦の家（ザンビア）（写真提供：前島彩子氏）

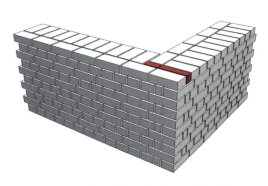

イギリス積み（イングリッシュ・ボンド）

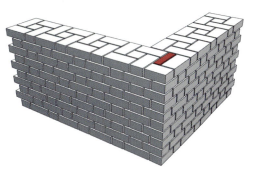

フランス積み（フレミッシュ・ボンド）

図1・14 煉瓦による組積造の構成図

役物を組み合わせる。

　煉瓦は主として構造壁に使われてきたが，現在は鉄筋コンクリート造や鉄骨造建築の非構造の壁としても広く使われている。煉瓦の一つ一つは人が持つことができる重量と大きさであり，容易に施工ができる。一方で，施工に人手がかかるため，人件費の高い国や地域ではコストがかかる構法となる。

　そのほかで，土を原料とするものには，瓦，タイル，陶器などの焼き物がある。瓦は屋根葺材として，世界各国で古くから使われている。**タイル**は様々な色の仕上げ材として，絵画的な表現が求められるような宮殿や寺院で使われ始めた。現在は外壁仕上げ材として，あるいは室内の防水性を求められる空間の内装仕上げ材として使われている。

　土による壁仕上げも，伝統的な構法として広く使われている。日本では木造建築物において，土で壁を造る方法が広くみられる。

1・2・4　石　材

　石は世界各地で使用されている材料である。かたまりとして切り出した石は，直方体に加工され，構造材料として組積造に使われてきた。また，比較的薄く加工された石は，壁などの仕上げ材として使われてきた。

　石は硬さや吸水率によって使われ方に違いがある。硬く吸水率の低い石は外装に使われ，軟らかい石は内装に使われる場合が多い。使われる場所によっては，なめらかな本磨き仕上げとしたり，表面を荒らしたたたき仕上げなどにしたりする。

　石積みを組積造として使用する場合は，直方体に近い形で切り出され，積み上げられる。単純に積み上げる場合と，接着のためのモルタルなどの材料が挟まれる場合がある。ヨーロッパでは古くから使われ，大規模な教会建築なども造られている。日本でも古くから使われており，例えば関東では大谷石による塀や蔵などが広く残っているが，耐震性が低いため，大規模な石造の建築はほ

表1・1　石材の種類と特徴・主な用途

種類		特徴	主な用途
火成岩	花崗岩類	耐久性大，耐火性小 通称：御影石	外装（壁・床）
	安山岩類	耐久性大　鉄平石が有名	外装（壁・床）
水成岩	石灰岩	耐久性小，耐水性小 一般的に軟らかい。	内装（壁・床）
	砂岩類	耐火性大，耐摩耗性小 色・硬さは成分による	内装（壁・床）
	凝灰岩類	耐火性大，耐久性小 大谷石が有名	内装（壁）
変成岩	大理石類	吸水性小，耐久性小 白色基調のものが多い	内装（壁・床）
	蛇紋岩類	大理石とほぼ同様 濃緑基調が多い	内装（壁・床）
	粘板岩類	耐久性大，板状に割れる	内外装（床） 屋根葺き

図1・15　教会のタイルによる仕上げ（イタリア）

図1・16　瓦を壁に使ったなまこ壁の蔵（下田）

とんどない。

石は仕上げ材としても使われる。外装として使われる場合は，石積みの組積造風に見えるように使われる場合などがある。様式建築においては，柱材の仕上げなどとしても使われる。現在は，乾式石張り構法やプレキャストコンクリート（PCa）カーテンウォールに打ち込むことで，高層ビルの外装にも使われている（5章に詳細解説）。

石は高級感のある材料として，内装にも多く使われる。壁，床などで使用されるだけでなく，内部の装飾などにも古くから使われてきた。

大理石などは，内壁，床に使われる。薄い板状で使われることが多いが，インテリアとしての美観が求められるため，石の模様が連続するようにひとかたまりの石から切り出して使用することもある。

石は耐久性も高いことから，床に使うことも多い。その場合には，表面をある程度あらくして，滑らないような配慮をすることもある。

石の一種である粘板岩のスレートは，割れる性質を利用して板状に加工したもので，屋根葺材，外壁材などとして重ね合わせて使われる。伝統的な建築物だけでなく，現在でも意匠上選択される。

1・2・5　木材などの植物

日本では，木材は一般的な建築材料として構造材や仕上げ材に広く使われているが，世界的に見れば，木材が豊富にとれる地域は限られている。環境面からみると，木材は再生可能な優れた資源であるが，森林保護の観点からも，適切な量の使用が重要とされている。

木材は広葉樹，針葉樹など樹種によって性質が異なる。また，同じ樹種でも育った地域によって性質が異なるので，これらを適切に使い分ける必要がある。

構造材に使われる場合，柱梁による軸組構法，校倉などの組積造と同じ考え方の構法，壁式のツーバイフォー構法など，多様な構造方式で使われてきた。そのほかに，他の材料による組積造などの小屋組や床組部分にも，木材が使われることが多い。

図1・17　大谷石による蔵

図1・18　石材が使われている明治生命館

図1・19　スレートが使われている東京駅のドーム

木材は仕上げ材としても，内外装に多用されている。樹皮は，伝統的な**檜皮葺**などによる屋根葺き材，あるいは杉皮の下見張りの外壁などとして使われてきた。木材が板状に加工されるようになると，屋根葺材として**柿葺き**，外壁として下見板張りなど，内装，外装の仕上げとして使われるようになった。

木材以外の植物由来の材料としては，茅あるいは竹などがある。

茅は屋根葺き材として多く使われている植物由来の材料である。**茅葺き**あるいは同様の草葺きは，世界中でみられる構法で，茅を重ねて屋根を葺く。

竹は構造材や仕上げ材として使われたり，土壁などの下地を形成する竹小舞などでも使われてきた。また，施工現場の足場の材料としても使われる地域がある。現在も構造材などで使う場合もある。

植物由来の縄も，茅葺きの下地の結束，あるいは土壁の下地など，建築用材料として使われてきている。

植物由来の材料を加工したものとしては，紙がある。これらは，製造技術の発達とともに，建築に使われるようになってきた。障子などの内装仕上げが主とした使われ方であるが，現代では紙管を構造材として使用する例も見られる。

1・2・6　獣皮・布・膜

人が過ごす空間を形成する簡易な方法として，膜による屋根，あるいは**テント**などが古くから用いられてきた。その材料として，自然素材では獣皮が使われた地域があった。そのほか，綿や絹の技術が発達すると，布が内装などに使われるようになる。軽量であることを生かして，移動可能な仮設のテントとしても使われていた。材料として布，あるいは膜の素材が発達するとともに，空気

図1・20　校倉造の例（スウェーデン）

図1・21　柿葺の屋根

図1・22　茅葺きの家（白川郷）

図1・23　竹を使った現代建築の例（コミューンバイザグレートウォール）

圧による膜構造を用いた大空間も可能となった。

1・2・7 金属・ガラス

金属のうち，鉄や銅は，古くから使われてきた材料である。

鉄は金物として機能上，あるいは意匠上の要求に合わせ加工して使われてきた。産業革命以後の大量生産が可能になってからは，構造体や，窓枠などの部分にもしばしば使われるようになった。

銅は軟らかい金属であるため，加工しやすく，薄い板状に加工され，伝統的な屋根葺材として，あるいは仕上げ材として使われてきた。

鉛も軟らかく，加工が容易なため，金物や屋根葺材として使われてきた。近年まで給水管などで使われてきたが，現在は健康被害の懸念からあまり使われなくなった。

ガラスも，古くから使われている材料である。世界中で装飾品などとして使われているが，16世紀頃からヨーロッパでステンドグラスが造られ，建築に使われるようになった。産業革命後，大量生産が可能になると，窓ガラスとして広く使われるようになった。

図1・25　獣皮と布によるテント（内モンゴルのゲル）

図1・24　紙管を構造材に使った現代建築の例（鷹取教会）

図1・26　伝統建築物に使われている金物

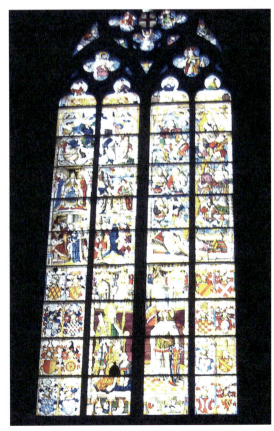

図1・27　ステンドグラス

1・3 性能と構法

1・3・1 様々な性能と構法

建築物には、様々な性能が求められる。これら性能は、主として構造躯体には安全性、外装には安全性や防水性、内装には日常安全性や室内空間を快適に保つための性能、これら全体を長期に利用するための維持管理のしやすさ、更新のしやすさなどが求められる。このように建築物に求める性能を**要求性能**といい、これを実現するために構法を選択する。

建築物に求められる性能には、
① 生命と財産を守る
② 快適性を確保する
③ 長く使えるようにする
といった目標がある。

特に、①と②は、常時に求められる安全性・快適性と、非常時に求められる安全性に分けられる。

常時に求められる安全性には、建物の自重や使用する人や家具などの常時の荷重に対する安全性と、建物を安全に使用できる日常安全性があげられる。常時に求められる快適性には、防水性、断熱性、遮音性などがあげられる。

非常時に求められる安全性には、地震、台風などの強風、積雪といった自然現象による荷重に対する安全性と、火災に対する安全性があげられる。

主要な性能を、右の表1・2に示す。

これらの性能を実現する際には、相反する項目もある。例えば、水密性能や遮音性能、断熱性能を高めるためには、外装をできるだけ隙間無く覆うような設計が望ましいが、一方で、耐震性能を確保するためには、地震時の躯体の変形に対してある程度追従する必要があり、隙間が必要となる。この部分には、水密性能を確保しつつ変形に追従できるシーリング材を使用するが、そのために遮音性能や断熱性能はある程度低下してしまう。このように、実現する方法が相反する性能項目もあり、設計でそれらのバランスを考慮しなければならない。

性能については、それぞれの要求性能を表す物理的な単位があり、原則として数値で定められている。ただし、すべてが数値化できるわけではなく、仕様によって担保されているものもある。

個々の建築物の要求性能は、設計者が定める。これには、性能を数値で直接示す場合と、ある程度共通の物差しとして幅のある等級が定められており、これで指定する場合がある。部品などの性能は、JISなどでそれぞれ性能値の表示方法や等級が示されている。また、住宅については「住宅の品質確保の促進等に関する法律」（いわゆる**品確法**）で、求める性能の等級が表の項目のそれぞれに定められている。しかし、耐久性能など明確に数値や等級で示すことが難しい性能もある。

表1・2 主要な性能

性 能	内　　容
日常安全性	落下や転倒を防止して、日常の安全性を確保する。
防水性能	漏水しない。特に強風時の雨にも漏水しない。
断熱性能	熱が伝わらない。
遮音性能	音が漏れない。外部の騒音が入ってこない。
耐震性能	地震時に壊れない。
耐風圧性能	強い風でも壊れない。
耐火性能	火災時に延焼しない。避難時間を確保する。
耐久性能	長期の使用に耐える。メンテナンスとも関連する。

表1・3 「住宅の品質確保の促進等に関する法律」に定められる性能表示事項

①	構造の安定に関すること
②	火災時の安全に関すること
③	劣化の軽減に関すること
④	維持管理・更新への配慮に関すること
⑤	温熱環境・エネルギー消費量に関すること
⑥	空気環境に関すること
⑦	光・視環境に関すること
⑧	音環境に関すること
⑨	高齢者等への配慮に関すること
⑩	防犯に関すること

1・3・2 設計条件としての要求性能

安全性に関する基準は、**建築基準法**に、地震、強風、積雪、火災などに関する性能の最低限のものが定められている。これ以外に、日常安全性に関連する「高齢者、障害者等の移動等の円滑化の促進に関する法律」(いわゆる**バリアフリー法**)も、ある一定の用途、規模などで義務基準となっている。一方、省エネルギーについては、「エネルギーの使用の合理化等に関する法律」(いわゆる**省エネ法**)で努力義務が課されていたが、現在は「建築物のエネルギー消費性能の向上に関する法律」(いわゆる**建築物省エネ法**)による義務基準が課されている。

設計者がこれら要求性能を指定するにあたっては、建築基準法に定められる事項などは、最低限の値として守らなければならないが、これら以上の性能を設定する場合もある。また、法律などで定められていない性能については、建築物の規模や用途によって、コストとのバランスを考えながら、設計者が判断して定めなければならない。

性能値の定め方について参考となる図書としては、日本建築学会から「**建築工事標準仕様書(略称JASS)**」が発刊されている。「JASS5 コンクリート工事」や「JASS16 建具工事」といった様々な工事ごとの仕様が解説され、その中に性能についても説明されている。ほかにはオフィスビルの場合、国土交通省大臣官房官庁営繕部が監修している「**公共建築工事標準仕様書**」が、一般的な性能値を定めるのに参考となる。また、品確法では、各項目で最低限の性能を等級1としており、等級2、等級3と性能が高くなる。例えば耐震等級(構造躯体の倒壊等防止)では、建築基準法を遵守した構造躯体が倒壊しない等級1に対して、1.25倍の力の作用に対して安全なものが等級2、同様に1.5倍が等級3と定められている。

一方で、断熱性能については、断熱性能に配慮がないものが等級1で、現在の省エネ法で定められた基準が最高の等級4となっており、性能項目ごとに等級の定め方が異なっているので、あくまで設計者が要求性能として等級のレベルを判断する必要がある。

1・3・3 構造躯体に求められる性能

構造躯体には、常時と非常時のそれぞれに安全性が求められる。常時については、日常的な使用状況に対する荷重に対して、つまり固定荷重および常時の積載荷重に対しての安全性を確保する。また、多雪地域においては積雪荷重も含まれる。

非常時の安全性能としては、耐震性能、耐風圧性能の確保および積雪荷重に耐えることが求められる。また、火災時に安全であるための耐火性能も求められる。

耐火性能としては、火災に対して延焼しないことと、火災時に一定時間構造体が崩壊しないことが求められる。鉄筋コンクリートは十分な耐火性能を備えているが、鉄や木は耐火性能が十分でないため、求める耐火性能を実現するために、構造躯体に用いる場合はその周辺に耐火性能を持った材料を用いて対応する場合がある。

構造躯体の安全性は、想定される荷重に対応した設計を行って確保する。**荷重**にはまず建築物そのものの重量である固定荷重と、建築を利用する

人や家具などによる積載荷重がある。これらは，常時の使用に耐える上で考慮しなければならない荷重である。さらに，非常時の荷重として，台風などの強風による力や，地震時の力に耐える必要がある。積雪に対しては，多雪地域においては常時，それ以外の地域では非常時の荷重として耐える必要がある。これらの荷重に対して適切に支えられるような構造方式を選択しなければならない。

このような荷重を分類すると，以下の5つに分けられる。

① 固定荷重

固定荷重は建築物の自重を意味して，壁，床，屋根などの重さを設計図に基づいて計算する。

② 積載荷重

積載荷重は，建築を利用するときの家具や人間の重さの合計である。通常の使い方を想定して，用途ごとに定められている値を利用して計算する。

例えば教室では，机などの家具類と利用人数に応じた人間の重さを想定しているが，図書室では書籍の入った家具を設置することを想定しているので，教室よりも図書室の積載荷重が大きくなる。

③ 積雪荷重

積雪荷重は，多雪地域において屋根の上にある程度雪が載っていても耐えられるように想定する荷重である。建築基準法施行令第86条により，過去の気象データに基づいて，自治体が地域ごとに定めている。

④ 風圧力（風荷重）

風圧力は，台風などの強風によって建築物が安全であるようにする際に想定する荷重である。建築基準法で最低限の値が定められており，構造躯体が破壊しないことと，屋根葺材や外壁材が風で壊れないことが求められている。建築基準法では，過去の気象データに基づいて地域ごとに決められた値に対して，敷地が都市部の密集地域か，郊外の風を受けやすい地域かによって分けられる粗度区分を決めることで計算できる。

また，風圧力は，当該箇所の位置が高いほど，あるいは建築物の高さが高いほど，大きな値となる。

⑤ 地震力（地震荷重）

地震力は，地震時に建築物が受ける慣性力を指し，それに対して建築物が破損しない，あるいは倒壊しないように構造計算を行うための荷重であり，建築基準法で最低限の値が定められている。建築物の重さ，階数，過去の地震による地域の係数などから求められる。

実際の建築物の地震時の揺れは，建築物の規模，構造，建設されている場所の地盤などによって，また，地震の波の性質によって異なる。

日本では，こうした構造安全性のうち，もっとも重要とされているのが耐震性能である。耐震性能を確保するためには，想定される地震に対して壊れない，あるいはある程度以上変形しない，という設計を行う。

図1・28 建築にかかる荷重の種類

○風圧力 $P(N)$ は，建築基準法に定められている次の式によって計算される。

$$P = q \cdot Cf \cdot A$$

q：風による速度圧（N/m^2）
Cf：風を受ける部分の風力係数
A：その部分の面積（m^2）

速度圧は，高さと地域により，風力係数は建築の形状などにより定まる。

○地震力 F は，日本では長い間，次の式のように，建築物も総重量の何割が慣性力として働くかという考え方をとっており，その割合を水平震度と呼んでいた。

$$F = m \cdot a = \frac{W}{g} \times a$$

$$= \frac{a}{g} \times W = k \cdot W$$

F：地震力　a：加速度　g：重力加速度
W：建築物の重量
m：建築物の質量
k：水平震度，地震の揺れによる a と g との比

現在では，地震層せん断係数を建築物の重量に乗じることにより決め，細かな地震力を算定している。

構造安全性は，構造計算にしたがって構造躯体を設計することで確保する。荷重が大きければ，構造方式ごとに柱や梁の部材断面が大きくなったり，壁の量が増えるといった設計となる。

こうした耐震構造による対応に加え，揺れを逃がす免震構造，揺れを制御する制振構造によって安全性を確保する方式もある。

免震構造は，大地震時に大きく変形する免震層を備えて，その上部の構造に振動エネルギーが伝わりにくくし，建築物の安全性を高めるものである。

制振構造は，建築物が受ける揺れに対して反発する振動を与えてエネルギーを吸収する方法で，地震に対する場合と強風に対する場合がある。機械的に制御する**アクティブ制振**と，おもりなどで受動的に対応する**パッシブ制振**がある。

1・3・4　外装に求められる性能

建築は構造躯体によって全体が支えられているが，外部環境から内部環境を守る重要な役割を担っているのは，屋根，壁，最下階の床などの**外装**と呼ばれる部位である。これらは覆うものという意味で**エンベロープ**という場合もある。特に，外部に面する屋根と壁は，雨風や日射，暑さ寒さなどを防ぎ，建築の内部空間に人間が安全に過ごすための環境をつくりだしている。

外装は，包むだけではなく，人が内部に入り，光や空気を適切に取り入れなければならない。こうした外部から内部に様々なものを選択的に取り入れるものが，窓やドアなどの開口部である。

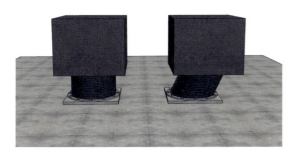
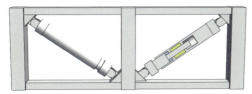

図1・29　免震装置(上)，制振装置(下)の例

図1・30　建築を構成する外装

外装に求められることは，光，熱，音，空気，水あるいは人などの**作用因子**に対する選択的な遮へいである。例えば，雨水，虫などは遮へい・遮断するが，空気や光は場合によっては透過させる。建築として内部空間を人が使うためには，人間が出入りできなければならないが，これも誰でも入っていいというものではない。

開口部によって選択的に透過させる方法には，ガラスなど透過性のある材料の選択，ドア，窓，換気口など開口部の開閉，ブラインドやカーテンなど遮蔽性のある材料の開閉による透過などがある。また，扉の鍵なども，人を選択的に通過させる方法の一つである。

外装に求められる様々な性能のうち，重要なものの一つとして雨水が侵入しない性能がある。

一般に屋根面や材料そのものの性能を指す場合は**防水性能**と呼ぶが，外壁面では**水密性能**と呼ぶことが多い。それ以外に，外装に求められる重要な性能として熱や音を遮断する断熱性能，遮音性能があげられる。

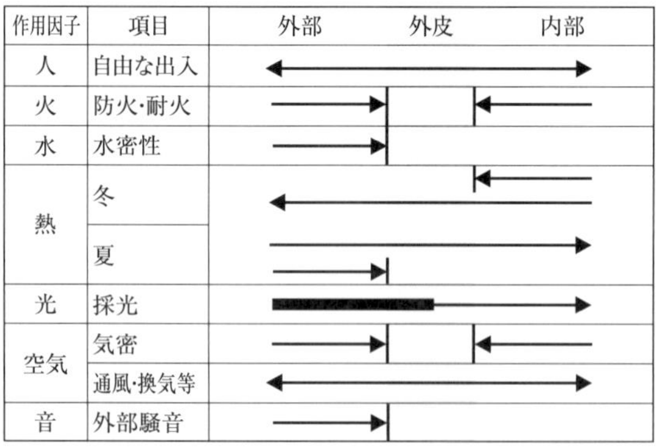

防水性能は，雨水を室内に侵入させないための性能である。常時の雨に対する性能だけでなく，台風などの強風と同時の降雨に対しても，配慮が必要である。

屋根面には，降雨や積雪に耐えられる防水性能が求められる。外壁面には，強風と同時の降雨に対する水密性能が求められる。特に，開口部周辺からの雨水の侵入には注意が必要である。

防水性能を確保する考え方には，いくつかある。外皮を一体として造る場合には，全体を完全にふさぐことによって防水性能を確保する方法がある。金属屋根の溶接工法や陸屋根のアスファルトルーフィングなどがこれにあたる（6章に詳述）。

小さな部材を重ね合わせて造る場合には，接合部を完全にふさぐのではなく，一部から空気を導入して水を外側に流し出す。隙間が細すぎると，**毛細管現象**が起きて水が侵入するため，適度な隙間をあけることが重要になる。瓦屋根などがこれにあたる。

面を構成する部材を接合するには，そのジョイント部の設計が重要になる。ただ堅牢にふさぐだ

図1・31　外装に関わる主な作用因子

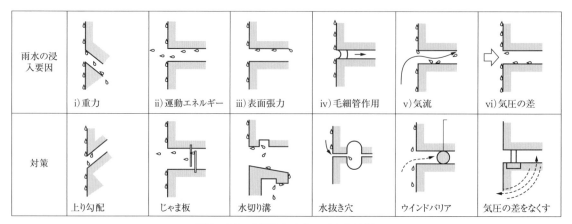

図1・32　水侵入のメカニズムと対策

けでは，地震などで変形が加わった場合にひびわれが生じて雨もりの原因となる。

また，熱に対する膨張にも配慮が必要である。特に日射を受ける面は表面温度で一日あたり数十度の差ができ，特に，伸びた場合に各部材に影響がないよう，余裕を持たせるような工夫が必要である。これらの変形は毎日繰り返されるため，耐久性能にも影響する。

水の侵入のメカニズムは，単純ではない。重力で水が流れるだけではなく，風や気圧差による場合もある。また，**表面張力**や毛細管現象によって侵入する場合もある（図1・32）。これらを配慮して，設計を行わなければならない。

水を侵入させないためには，屋根，壁の単純な防水性能だけでなく，庇，水切り，樋などを使って適切な水の流れを造ることも重要である。これらは汚れなどの発生により，美観を損ねないようにすることにもつながる。

断熱性能は，熱が移動するのを抑えるもので，これを高めることで，暖房や冷房の効率が向上し，温度むらの少ない快適な内部空間を造ることができる。建築物の断熱性能は，省エネルギーの観点から，1980年に制定された**省エネ法**に努力義務として定められている。住宅は断熱性能のみ，それ以外の建築物は設備の効率と合わせた規定となっていたが，2013年より住宅も設備と合わせたエネルギーの基準となっている。断熱性能は省エネルギーだけでなく，健康の観点からも必要といわれている。

断熱性能は，壁や屋根などの外皮に断熱材を使用し，さらに開口部の断熱性能を高めることで確保する。特に開口部は，断熱性能の弱点となるため，性能の高い複層ガラスなどの採用の効果が大きい。枠についても，樹脂や木材の採用によって高い性能が実現できる。

一方で，建築物の断熱性能を確保することは，そう容易ではない。基礎まわりの断熱など，一般的な建築物の造り方では，熱的な弱点が発生するので，これらを解消するような納まりが必要になってくる。

遮音性能は，音の透過しにくさを示すものである。外部からの音に対する遮音性能は，周辺環境が静かであれば必要ないが，騒音などがある場合には，高い性能が求められる。

外壁の遮音性能の確保については，性能上の弱点となる窓を中心とした開口部の遮音性能を向上させることが効果的である。そのため，開口部を小さく，少なくするか，2重サッシなどにより窓ごとの遮音性を高めることで対応する。断熱性能の向上に寄与する複層ガラスについては，必ずしも遮音性能の向上につながらない場合があるので，注意が必要である。

外装の非常時の性能としては，耐震性能，耐風圧性能，耐火性能が求められ，いずれも建築基準法などで，最低基準が定められている。

耐震性能については，地震時の部材が破損・脱

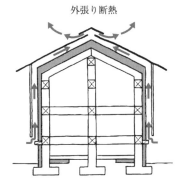
外張り断熱

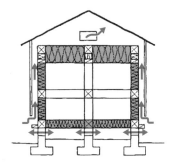
充填断熱

図1・33　住宅の断熱の例

落しないことが求められる。柱梁構造に乾式のパネルなどが設置される場合は，建築物の揺れによる慣性力に対して安全であることと，層間変位に対してこれらが追従できることが求められる（5章に詳述）。

耐風圧性能については，台風などの強風時に部材が破損しないことが求められる。建築基準法では，屋根面あるいは外壁面にかかる風圧力に対して，外皮の材料が破損しないことが定められている。建築物に押しつけられる正圧に対して壊れないだけでなく，建築物から剥がされる方向の負圧に対しても，十分な安全性が求められる。

これに対応するために，屋根葺材や壁は，強風で破損あるいは剥離しないように，構造躯体や下地材に緊結することが必要になる。また，ガラスもこれらに対応して割れない厚さのものが必要になる。

耐火性能は，火災に対して建築の倒壊や延焼を防ぐことが求められる。建築基準法では，隣接建築物からの延焼を防ぐために，耐力壁と非耐力壁に分けて外壁に耐火性能を求めている。また，高層建築物では，開口部からの上階への延焼を防ぐために，上階との間の外壁面に900mm以上の耐火パネルを用いるなどの規定がある。これに対応するために，耐火性能を有する材料等を適切に取り付ける必要がある。

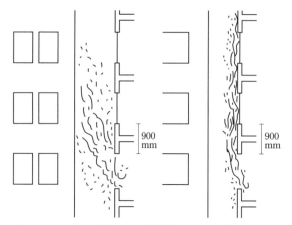

図1・34　開口形状による上階延焼のときの炎のようす

1・3・5　内装に求められる性能

外装によって守られた内部環境をさらに快適に使いこなすために，内壁，床仕上げ，天井などがあり，**内装**という。これらは設備機器などと合わせて**インフィル**と呼ばれることもあり，外部に面する外装とは求められる性能が異なる。

内装には日常の安全性と快適性が求められる。**日常安全性**については，建築物の使用者が安全に使用できることが求められる。まずは日常接する素材が人に対して安全であることとして，鋭利なものや健康被害を引き起こすものではないことがあげられる。また，転倒や落下を防止するために，階段の蹴上げと踏み面の適切なバランスや手摺りの適切な高さ，段差の解消，識別しやすい色合いなどが求められる。これらは，使用者として誰を想定するかによって要求性能が変わってくる。これまでは高齢者，障害者などの利用を想定して**バリアフリー**にするという考え方であったが，近年は健常者も含めたすべての人が使いやすい**ユニバーサルデザイン**という考え方に包含するように変わってきている。

公共的な建築物では，**バリアフリー法**によって，誰もが円滑に使えるための配慮が求められている。

内装の全てにかかる安全性の基本性能としては，耐震性能と防火性能が求められる。**耐震性能**は，外装などと同様に，地震時にかかる慣性力に耐え，層間変位に追従する必要がある。

一方で，火災に対しては，建築物の用途，規模によって**防火性能**が求められ，延焼を防ぐために不燃材，難燃材を使用するよう建築基準法で**内装制限**が決められている。

内装には主として床，内壁，天井があり，快適性の確保のために，それぞれに性能が求められる。

床仕上げには，歩きやすさと，摩耗しないなどの耐久性が求められる。一方で，床構法としては，床面全体で構造と一体となっているものが多い。床面として求められる性能としては，最下階では断熱性能が必要になるが，それ以外に，集合住宅等では上下階の住戸との間の遮音性能が重要である。子供が飛び跳ねるなどの**重量衝撃音**と，スプーンなどを落とした音などの**軽量衝撃音**をおさえることが要求される。

内壁では，重要な性能として，住宅内やオフィス内の部屋間の間仕切り，あるいは，住戸間の界壁において，遮音性能や断熱性能が求められる場合がある。集合住宅では，隣接する住戸からの音を遮るために，床および住戸間の界壁に，高い遮音性能が求められる。

天井には，日常室内での音環境を快適にするために，**吸音性能**が求められることが多い。また，最上階では，天井面か屋根面のどちらかに断熱性能が求められる。一方，非常時である地震時には，高所からものが落下する場合に危険度が高いため，天井が脱落しないように耐震性を確保することが重要となる。

建築の内部空間で快適に過ごすためには，内装以外に，照明，空調，給排水などの設備機器類が適切に設計され，稼働している必要がある。

一方で，非常時の安全性の確保としては，地震時に脱落や転倒がないよう構造躯体に緊結することが求められる。また，設備機器本体および配管・配線類の寿命は，建築本体より短いことが多く，耐久性の確保のために，これらのメンテナンスや交換についての配慮が必要である。

1・3・6 耐久性

建築の寿命は長く，一部の仮設建築物などを除くと，少なくとも数十年は使い続けることになる。その際に，安全性や常時の基本性能が長期間にわたって劣化しないことが重要であり，これを耐久性と呼ぶ。

耐久性については，それぞれの部材や材料の性能が著しく劣化しないことが重要になる。耐久性の目標値は，時間で表されることが多いが，劣化の測定や判断は難しく，また，その後の維持管理の状態によって劣化状態が大きく変わってくるので，性能値として表現することが難しい項目である。

材料そのものの耐久性が低いものや設備機器類には，取り替えることが前提となっているものもある。例えば水密性に関わるシーリング材，アスファルトルーフィングなどは，10年～15年で交換することが一般的である。こうした交換を前提とした設計を行うことも必要である。

耐久性に関わる項目として，日常の**維持管理**がある。清掃，点検，定期的な改修がその内容に含まれる。維持管理のしやすさを確保するため，高層ビルのガラスの清掃のためのゴンドラを設置したり，天井裏や床下の点検口を設けることも，設計時に配慮すべき事項になる。

なお，「住宅の品質確保の促進等に関する法律」では，劣化の軽減に関することとして，構造躯体の劣化のしにくさへの配慮，また，維持管理・更新への配慮に関することとして，配管などの日常における維持管理（点検，清掃，修繕），

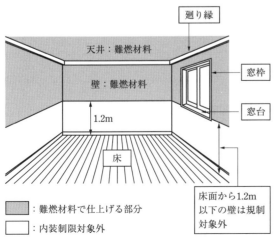

図1・35　内装制限

更新（交換，変更）のしやすさなどに，等級を示している。

さらに，大規模な修繕，あるいは改修，あるいは用途変更も含めるような内部あるいは外部の更新が必要な場合がある。このような更新を見込んだ設計も考えなければならない。インフィルの更新のしやすさに配慮したSI住宅などがこれにあたる（本章5節に詳述）。

図1・36　ゴンドラによる窓ガラスの清掃

図1・37　ゴンドラを吊っている屋上部分

図1・38　SI住宅の配管・配線の点検口（大阪ガス実験集合住宅 NEXT21）

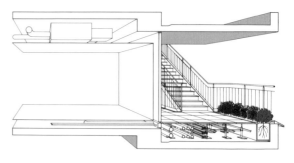

図1・39　廊下に共同の配管を設置しているSI住宅事例断面（大阪ガス実験集合住宅 NEXT21）

1・4 設計プロセスと構法

1・4・1 建築設計のプロセス

建築の設計は，敷地，用途，工事予算などのそれぞれの条件の下に，設計図や仕様書などの設計図書をまとめる一連の行為である。最初は大まかなところから決定され，段階的に詳細が決まっていくことが多い。設計の流れとしては，**企画**，**基本設計**，**実施設計**の順に進む。実施設計で設計が終了し，現場施工の段階になるが，この段階でも，さらに詳細な設計行為が行われている。

これら各段階において，意匠と要求性能を満たすために，コストや施工方法も考慮しながら構法が検討される。それぞれの段階でどこまで決定する，という厳密な定義は難しい。また，変更が生じることもある。企画段階で決まっていた方針が基本設計で変わることもあれば，実施設計の段階で予算が不足することが分かり，変更が生じることもある。また，建築設計そのものは実施設計段階で終了するが，施工段階における工期や予算の関係からの変更ということも起こり得る。また，新しい材料や構法を検討する場合には，企画あるいは基本設計の段階などのできるだけ早い段階で，検討を開始する場合もある。

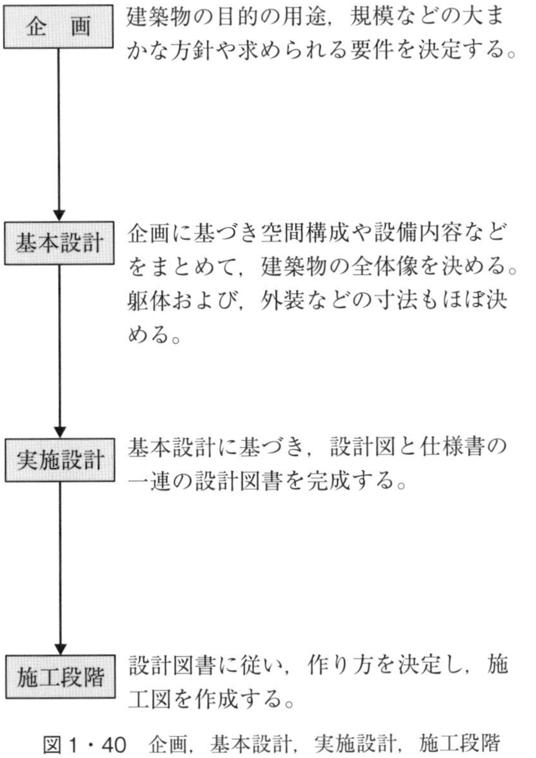

1・4・2 企画と構法

企画段階では，工事予算，工事時期の目安，敷地条件，工事費，工期などの制約の中で，建築物の用途，規模などの大まかな方針と，求められる要件を決定する。躯体の構造方式は，建築物の特性及び空間の規模などと関係するため，この段階で決められる。用途，規模，予算によって，一般的なものが選択されることが多い。

構造方式は，そもそも用途に適した一般的な構造方式がある。例えば，高層オフィスビルであれば鉄骨造，高層集合住宅であれば鉄筋コンクリート造が選択されることが多い。これらは，構造特性，建設可能な高さや階数，スパンなどによって判断される。

各部位ごとの構法は，基本設計，実施設計段階で，詳細に決定されていくが，企画段階では一般的なものを想定して進められる。

そのほかに，敷地条件から建築基準法上高い防火性能が求められる場合も，構造や仕上げに配慮が必要である。あるいは，地盤の状況によっては，地盤改良が必要になったり，杭が長くなるなど，地業に影響するので，コストに大きく影響するが，こうした構法の検討は，企画段階でも行う。

このように一般的な方法を想定して，建築物の大まかな方針が決められる。

企画	建築物の目的の用途，規模などの大まかな方針や求められる要件を決定する。
基本設計	企画に基づき空間構成や設備内容などをまとめて，建築物の全体像を決める。躯体および，外装などの寸法もほぼ決める。
実施設計	基本設計に基づき，設計図と仕様書の一連の設計図書を完成する。
施工段階	設計図書に従い，作り方を決定し，施工図を作成する。

図1・40 企画，基本設計，実施設計，施工段階

1・4・3 基本設計と構法

基本設計では，建築物の全体像を決める。図面を一通り完成させるため，建築の基本的な寸法がほぼ決まる。設備機器なども決定される。建築基準法など法規と適合しているかの確認をする。柱や梁の基本的な断面寸法が決まり，断面図の寸法もひととおり決まってくる。平面計画では，間仕切りなどの考え方と寸法が整理される。

各部位，部材の設計は，要求性能に応じて設計を行う。ただし，各部の設計で，例えばカタログなどには載っていない特殊な窓などを注文するときなど，一般的ではないものを想定している場合は，企画や基本設計段階から検討を行うことが多い。集合住宅の例（図1・41）では，室の外形寸法が決まっているが，窓の位置などの詳細寸法は書かれていない。また，洗面所やキッチンも，基本的な設備が書かれている。

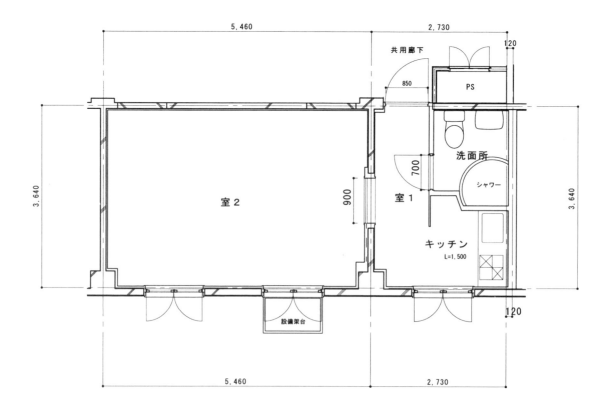

図1・41　基本設計段階の平面図例（求道学舎改修設計）

1・4・4 実施設計と構法

実施設計段階は，設計図と仕様書の一連の設計図書を完成する仕事である。各部位で使われる材料や部品，構成，納まりなどより詳細な構法が決まっていき，全体のコストの積算を行う。したがって，コストに影響する建築物の要求性能は，詳細に明確化されていなければならない。集合住宅の例（図1・42）では，室の外形だけでなく窓やドアなどの寸法も書かれ，床仕上げや洗面所とキッチンの具体的な設備機器が決められている。

表1・13 設計図書一覧の例

(I)総合	① 計画説明書 ② 仕様概要書 ③ 仕上げ概要表 ④ 面積表及び求積図 ⑤ 敷地案内図 ⑥ 配置図 ⑦ 平面図（各階） ⑧ 断面図 ⑨ 立面図 ⑩ 工事費概算書	(II)構造	① 構造計画説明書 ② 構造設計概要書 ③ 工事費概算書
		(III)設備	(1) 電気設備 (2) 給排水衛生設備 (3) 空調換気設備 (4) 昇降機等
			① 計画説明書 ② 設計概要書 ③ 工事費概算書 ④ 各種技術資料

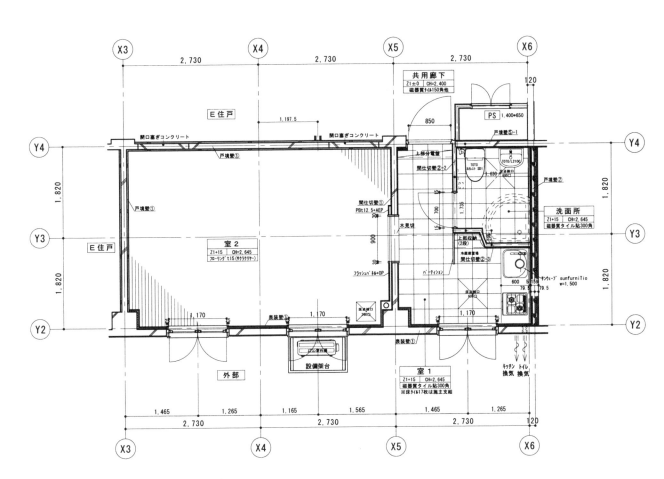

図1・42 詳細設計図の例（求道学舎改修設計）

1・4・5 施工段階と構法

施工段階は，設計図書にしたがい，造り方，つまり工法を決定していく。そのために**施工図**を作成し，各部の納まりなどに矛盾がないか，確認する。施工図によって，現場に指示を出し，建築物が造られていく。

集合住宅の例（図1・43）では，窓のまわりの寸法，設備機器まわりの寸法など，施工に必要な情報が書き加えられている。

構法が決まれば施工方法も決まるため，できるだけ設計段階で想定しておく必要がある。しかし，実施設計段階で想定していた造り方が難しい場合には，設計者，施工者で確認の上，異なる構法に変更する場合もある。

同じ性能を異なる方法で安く実現できる場合には，構法を変更する場合もある。これらは**VE**[※1] **提案**とよばれている。

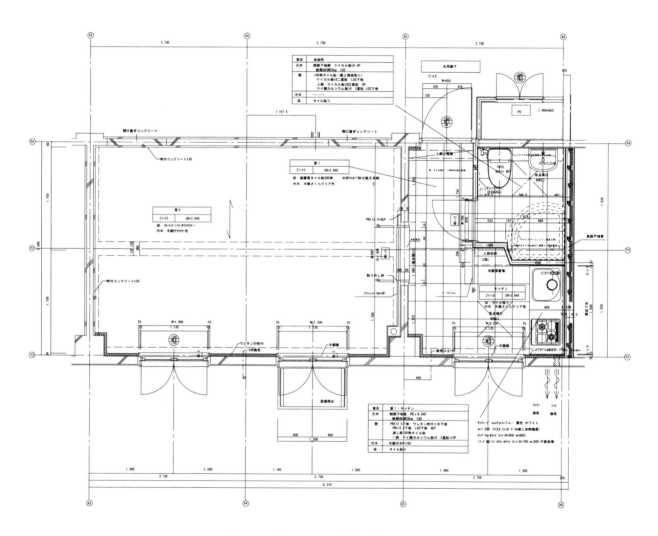

図1・43 施工図の例（求道学舎改修設計）

※1 Value Engineering の略。

1・4・6 構法の検討の流れ

設計プロセスでは，構造方式から各部位の設計に至るまで，構法を選択しながら，建築物の全体像を示した1/100程度の図面から，細かな部位の取付け方まで考慮した詳細設計の1/5程度の図面まで，徐々に詳細な図面を描いて進めていくことになる。一般的な構法であれば，例えば鉄骨造と決めた時点で，おおよその詳細まで決まっていることが多い。一方，特殊な取り組みを行う場合には，企画や基本設計の段階から検討を行わなければならない。

例えば，一般的な鉄骨造のオフィスビルにタイル打込のプレキャストコンクリートカーテンウォールを外壁とする場合を想定する。オフィスビルをタイル仕上げとする意匠を考えたとき，構造方式としては鉄骨造が一般的な構法であるため，全体の設計はこれまで経験している範囲で進められる。したがって，企画段階ですでに鉄骨造で，PCaカーテンウォールにタイルを打ち込むという方針が決まる。各部の設計も，基本設計段階で，図面には記述されていないが，多くの構法がおよそ決まっている状態となっている。

ただし，特殊なタイルなどを使う場合には，企画段階や基本設計段階からの検討が必要である。通常のタイル打込であれば，タイルの色，形状を選択するだけであり，特別な検討は必要ない。しかし，例えば新しく開発された大型タイルを打ち込む場合には，まず，その実現性とコストを，基本設計および実施設計段階である程度判断しなければならない。新しいタイルの色，形を確認するのは当然だが，材料としての耐久性は十分か，一枚ごとの大きさやゆがみなどの製品精度が一定範囲内か，プレキャストコンクリートに打ち込んだ場合の取付け強度は十分確保できるかといったことを，場合によっては部分試験などを行って検討することが必要である。

このように，新たな取り組みを行う場合には，企画段階や基本設計段階からの検討が必要である。

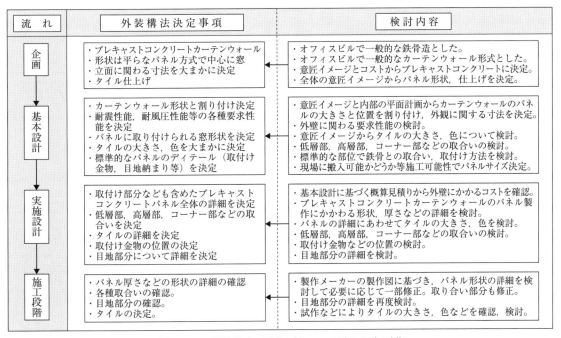

図1・44 構法決定の流れ（オフィスビルの壁の例）

1・5 生産と構法

1・5・1 建設に参加できる人や組織

構法は，入手できる材料によって強く規定されるのと同様に，建設に参加できる人や組織によっても強く規定される。それぞれの構法を実現するには，一定の経験，知識，技能，技術，道具や装備が必要であり，それらを備えた技能者，技術者，組織が参加できない環境下では，その構法は実現できない。また，施工現場が，そうした技能者，技術者，組織の参加できる環境にあっても，それらの対価が予算に比べて高すぎるために参加が困難で，その構法が実現できない場合もある。

茅の入手し易い場所に建つ民家でも，茅葺き専門の屋根職人がいなければ葺替えは困難であるし，鋼材が入手し易い場所にある新築現場でも，切断や穿孔，溶接等の鋼材加工を精度良く実施できる工場がなければ，鋼構造の構法は実現が難しい。

このように，構法と生産の組織や技術の間には密接な関係があり，その場所や時代の生産組織や技術のありように応じて，建設コストを予算の範囲内に抑えながら質の高い建築を実現する構法の考案や適切な選択が肝要である。

1・5・2 建築生産の工業化と現代構法

20世紀に構法は大きく変わった。その変化に大きな影響を及ぼしたのは，生産のあらゆる分野における工業化の進展であった。それまで主として職人の手仕事によって実現されていた構法の多くが**プレファブ化**されたもの，即ち工場生産された建材や部品によるものに変わると同時に，現場での施工においても各種の揚重機や高度な電動工具を用いる機械化が進展した（図1・45，図1・46）。これにより，時代の要請に応じて，品質を確保あるいは向上しながら大量に建設することが可能になり，個々の建物の工期も従来より格段に

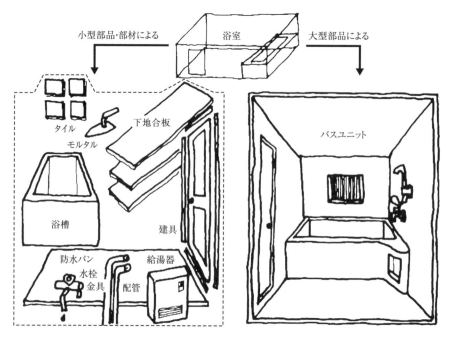

図1・45　在来構法とプレファブ化された浴室

短くすることが可能になった。

このようにプレファブ化や機械化を前提とした構法の採用が増えると，建材や部品を生産する工場を持つメーカーの役割が大きくなり，職人の手仕事の役割は小さくなる。そのため建材・部品メーカーが増え，その組織が大規模化する一方で，手仕事に熟達した職人は減少した。こうした生産組織の変化によって，かつてできなかった構法が可能になった反面，かつてよく見られた構法が実現困難になっている。

先の例でいえば，高度な鋼材加工のできるファブリケーター（鋼材加工業）が増え，鋼構造の構法は全国的に容易に利用できるようになっているが，工業化された屋根葺き材料が増えたために茅葺き専門の屋根職人は減り，かつて全国で見られた茅葺きによる屋根構法の実現は困難になっている。

現代の構法は20世紀に変化した構法を引き継いでいるが，建築ストックの量的な充足とともに竣工後数十年以上を経た既存建物の改修工事の需要が増え，過去に普及していた構法の手直しなどにあたって職人の技能が再び必要性を増すことも想定できる。（図1・47）

1・5・3 効果的な分業を成立させる構法

一般に建築は様々な部位と材料で構成されており，各々の部位や材料に対応して異なる**職種**（技能者，技術者，組織の種類）が製作や施工を分業している。

軸組構法による木造住宅に関わる代表的な職種を例にとると，柱梁等の軸組や間柱，垂木，根太などの下地の加工と組立を担当する大工職，障子や襖等の建具の製作と据付けを担当する建具職，床仕上げである畳の製作と敷詰めを担当する畳職，屋根仕上げである瓦の製作と施工を担当する瓦職といった具合に，整然とした分業が成立している（図1・48）。

図1・46　カーテンウォールの揚重（東京都庁舎）

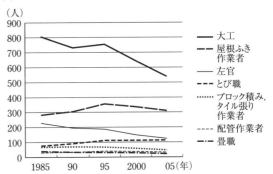

図1・47　代表的な職種の就業者数推移（単位：千人，資料：国勢調査）

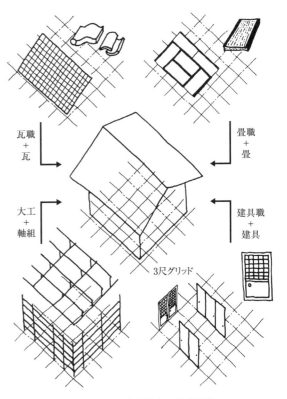

図1・48　木造住宅の分業体制

実際の木造住宅の場合，これら4職種だけではなく，施工現場に入る職種に限っても，全体で20を超える職種が分業している。建材や部品の生産流通に関わる者を含むと，この数は更に増える。構法を決めることは，これら異なる職種が担当する部位や材料同士の取合いにおける約束事を具体的に決めることでもあり，できるだけ効果的な分業が可能なように配慮することが望ましい。

分業を前提として主に考慮すべき約束事には，次の3種類がある。
① 性能に関する約束事（英語ではPerformance Co-ordinationという）
② 仕事に関する約束事（Job Co-ordination）
③ 寸法に関する約束事（Modular Co-ordination）

①は文字通り，各職種の担当する部位がどの性能をどの程度負担するかについての約束事であり，これが明解に決まっていなければ建物全体が目標とする性能は実現できない。

②は，どの職種がどこまでの仕事を分担するかについての約束事であり，特に，異なる部位や材料同士の接合部を納める仕事の分担の明確化が重要になる。また，構法を決めると各職種の仕事の前後関係が決まるため，同じ職種の仕事が連続するようにするなど，工事の効果的な編成を意図することも必要になる。

③の寸法の約束事を取り決めることは一般に「モデュラーコーディネーション」というが，すべての部位の位置を明確にするために，基準となる平面（平面図や断面図上では基準線）をある間隔で設ける方法が一般的である。そして，建材や部品の製作寸法に無駄が生じにくいように，**基準面の間隔を一定にしておく方法**がよく見られ，この間隔のことを**基準寸法（モデュール）**という。

図1・48に示したように，日本の木造住宅においては，一般にこの方法が採られており，基準寸法を910mm（あるいは3尺＝909mm）とすることが多い。ただし，モデュールには今日でも地域による違いがある程度残っており，910mm間隔のグリッド上で展開される間取りのことを「**江戸間**」或いは「**田舎間**」という。これと異なるものの代表は「**京間**」であり，近畿地方を中心にかつて普及していた京間では約954mm（3尺1寸5分）を基準寸法としている。近年では伝統的なものとは無関係に基準寸法を1mとするものも増えており，「メーターグリッド」という。

これらの基準面と部品などを設置する位置の関係には，主なものとして，部品などの中心面を基準面に合わせて設置する「**心押え**」と，部品等の

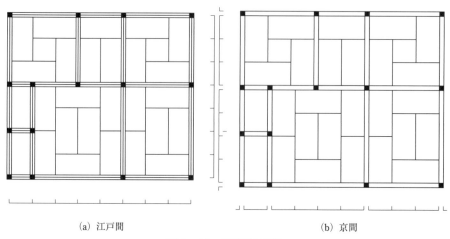

(a) 江戸間　　　　　　　　　(b) 京間

図1・49　江戸間と京間

表面を基準面に合わせて設置する「**面押え**」の2種がある。この点においても江戸間と京間には違いがあり，江戸間では柱梁を心押えとするのに対して，京間では柱の立つところにだけ柱太さに合わせて間隔狭く2つの平行する基準面を設け，柱梁を面押えとして設置する。前者を「**心々制**」，後者を「**内法制**」ということもある（図1・49）。

江戸間では，梁の長さなどがモデュールの整数倍に揃えられることや柱の位置がグリッドの交点であればどこでも自由に選べる利点があるが，畳の寸法などはモデュールの整数倍にならず，また部屋の大きさによって異なってくる。

これに対して京間では，畳の寸法はすべて同じにでき，相互の置換えなども容易だが，柱の配置の自由度はある程度制限を受ける。

グリッドを用いたモデュラーコーディネーションにおいて，江戸間のように基準面を一定の間隔で並べたグリッドを「**シングルグリッド**」というのに対し，京間のようにグリッドの一部あるいは全体に，間隔を狭く設定した部分を設ける方法を「**ダブルグリッド**」という（図1・50）。

1・5・4　建築のライフサイクルと構法

構法は，建設段階のことや当初の性能や意匠のことだけを考えて決めるのではなく，建物の使用段階から将来の取壊しの段階まで，**ライフサイクル**の全体を見通して決めることが大切である。

使用段階に関しては，建物各部の劣化や陳腐化への対応を考えておかねばならない。先ず維持管理のし易さが考慮の対象になる。将来の点検や補修作業が円滑にできるように，そうした作業のためのスペースや足場等を確保するように計画することが望ましい（図1・51）。

次に，各部の更新の容易さが考慮の対象になる。建物を構成する部位や材料の耐久性（物理的・化学的劣化現象の起こりにくさ）や耐用性（意匠や性能面での陳腐化のしにくさ）はそれぞれに異なる。したがって，各々の部位や材料がそれぞれの更新サイクルに合わせて，他の部位等に影響を与えることなく独立して更新できる納まりとすることが望ましい。

殊に，新しい製品や技術の開発サイクルが比較的短く，使用段階で更新欲求が起こりやすい設備系統と他の部分を分離し易くしておくことは大切である。このことを強く意識し，設備系統と短いサイクルで模様替えが起こり得る内装部分を「**インフィル（I）**」といい，耐久性，耐用性ともに高いことが期待される構造躯体等の「**スケルトン（S）**」（サポートということもある）から容易に分離できるように各部の納まり等を考慮する「**SI**

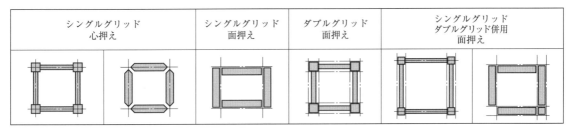

図1・50　グリッドと寸法の押え方

方式」が，住宅分野で採用されるようになってきている。

多くの建物は使用段階を経て，やがて取壊し段階を迎える。将来の廃棄物処理等を考えると，設計時の構法検討の際から取壊し段階のことを考慮しておくことは必要である。

具体的には，取壊し後の廃棄物の**リサイクル**が円滑に進むように，建物各部において，取壊し時に解体・分別が容易な材料の選択・納まりの工夫を行っておくことが望まれる。

また，仮設建物に代表されるように，比較的短い年数で取壊すことが予定されている建物では，取壊し時に各部位を構成する部品などが円滑に**リユース**できる状態で回収できるよう，分解の容易な接合法や回収する部品などのまとまりの良さに配慮することが望まれる。

図1・51 外装点検作業にも使えるバルコニーを回したカーテンウォール（東京海上日動ビル本館，設計：前川國男）

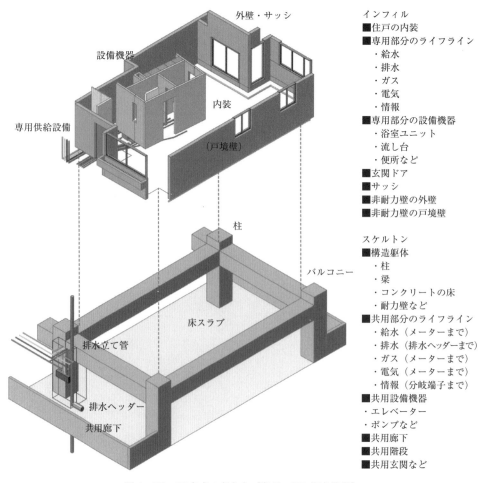

図1・52 SI方式の考え方（資料：UR都市機構）

第 2 章

基礎の構法

  2・1 地業 …………………………………32
  2・2 基礎 …………………………………34

  本章では，建築の土地への固定に関わる構法について，その種類と原理を中心に学習する。要点は次のとおりである。

(1) 建築を土地に固定するために，先ず，建築の荷重を安定的に支えられるように地盤に手を加える「地業」を行うが，地盤の状態，建築の規模などによって，それぞれに応じた構法が考えられている。

(2) 手を加えた地盤に建築を固定するための部分を「基礎」というが，基礎についても，地盤の状態，建築の規模などによって，それぞれに応じた構法が考えられている。

2・1 地業

2・1・1 地業とは

建物は地盤の上に建っており，建物に働く全ての荷重は基礎を介して地盤に伝わる。したがって，基礎の構法を選択するにあたっては，地盤がどの程度の支持力を有するかを調査した上で，どのような基礎形式であれば荷重を効果的に地盤に伝えられるかを考える必要がある。

基礎形式が決まると，それに応じて地盤に手を加える必要があり，この工事を**地業**という。

2・1・2 地盤と地層

地盤は，その場所を支える地表～地下数100m位までの地中構成物の総称で，岩盤と土より構成される。岩盤は岩石の塊で，まわりには様々な種類の土が堆積している。土を構成する粒子には「粘土（粒径0.005mm以下）」「シルト（0.005～0.075mm）」「砂（0.075～2mm）」「礫（2mm以上）」などがあり，それらの混合の度合いや，締まり具合，水分量などで土としての性質が異なるため，様々な地層に分かれる。したがって，地盤の支持力も場所や深さにより変化する。図2・1は地盤の状態を示したものである。

軟弱な地盤，切土・盛土などの造成地，埋立地などに建物を建てる場合には，締め固めるなどの方法で表層付近の地盤を改良して荷重を直接支持できるようにするか，杭を地下深くの固い地層まで到達させてそこに荷重を伝えるなどの対策が必要になる。

荷重により地盤は圧密されるが，柔らかい地層の場合は変形し易いため，建物は沈下する。全体が等しく鉛直に沈下する「**等沈下**」の場合は，沈下量が予測範囲内である限り問題は少ないが，傾いて沈下する「**不等沈下（不同沈下ともいう）**」の場合は，建物をねじる力が働き，床が傾くなどにより居住性も損なわれるため，大きな問題となる。

地中では土の粒子の間に水が浸透しているが，これが飽和状態になると，粒子間を自由に移動できる地下水が蓄えられる。この上面までの深さを地下水位という。ここより深く穴を掘ると，地下水が湧き出るため注意を要する。

埋立地など地表付近に水分を多く含む砂質層がある場合，地震時の振動で地下水位より低い部位が液体のような挙動を示すことがあり，これを「**液状化現象**」という。地盤は急激に支持力を失うため，建物の不等沈下や倒壊などが起こり易く，大変危険な状態となる。これらの場所では，地盤改良等の対策を十分講じた上で建物をつくることが望ましい。

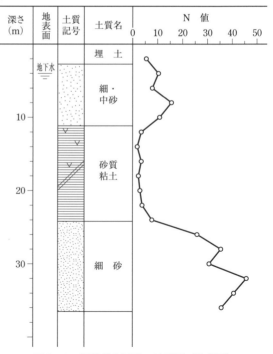

図2・1 標準貫入試験の結果例（柱状図）

2・1・3 地盤調査

地盤が建物荷重をどの程度支持できるかは，一般に地盤の（長期）**許容地耐力**（kN/m²）で表される。地表面付近では，平板載荷試験により地面に直接荷重をかけて許容地耐力を調べることができる（図2・2）。

地中の場合は**標準貫入試験**（図2・3）などによりN値（地盤の固さを示す指標）を調査し，地質などを考慮した上で許容地耐力を推定する。標準貫入試験では，63.5kg±0.5kgのおもりを76cm±1cm自然落下させてロッドを30cm貫入させるのに必要な打撃回数をN値としている。また，サンプラーで採取した土質の情報などから柱状図（図2・1）を作成することにより，地層のおおよその状態を把握し，N値と地質から許容地耐力等を換算する。

この調査は1m毎に行うことになっているため，通常はボーリング調査（先端に刃のついたパイプを回転して掘削し，土質をサンプリングする）と併用するのが一般的である。すなわち，1m掘削し，そこから標準貫入試験を行い，次の1mに達するまでの残りを再びボーリング調査で掘削するのを繰り返していく。

戸建住宅などでは，標準貫入試験に代わる簡易な方法として，**スウェーデン式サウンディング試験**が多く用いられる（図2・4）。

これは，スクリューポイントを先端に取り付けたロッドを地盤に貫入させ，1kN以下の荷重で沈下した場合はその荷重，1kNで沈下しない場合はさらに回転を加えて貫入させたときの貫入量1m当たりの半回転数を測定するもので，これらの結果からN値や許容地耐力が換算される。ただし，簡易な調査のため，地盤の履歴や立地条件・周辺状況を加味しながら総合的に判断する必要がある。

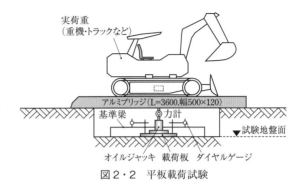

図2・2 平板載荷試験

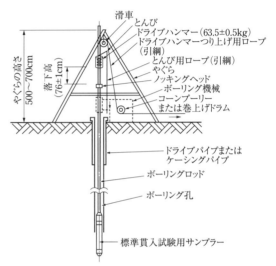

図2・3 標準貫入試験

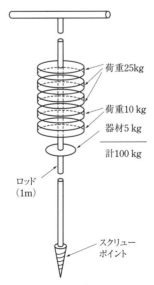

図2・4 スウェーデン式サウンディング試験

2・2 基　礎

2・2・1　直接基礎・割ぐり地業

　建物の荷重を，基礎の底面が接する地盤面に直接伝える方式を**直接基礎**という。地表付近の地盤面が良好で，戸建住宅や小規模なビル，平屋の体育館や倉庫など，建物荷重が比較的小さい場合に用いられる。

　直接基礎には，地上の柱位置に合わせて飛び飛びに設置される**独立基礎**，壁位置などに合わせて連続的に設置される**布基礎（連続基礎）**，建物全体を面で支えるように設置される**べた基礎**などに分類される（図2・5）。

　一般に，**基礎底盤（フーチング）**の面積が大きくなるほど単位面積当たりの荷重が小さくなる。従って，地表付近の許容地耐力が小さい場合の直接基礎にはベタ基礎が用いられる。それでも許容地耐力が不足する場合には，**地盤改良**を行って補うこともある。

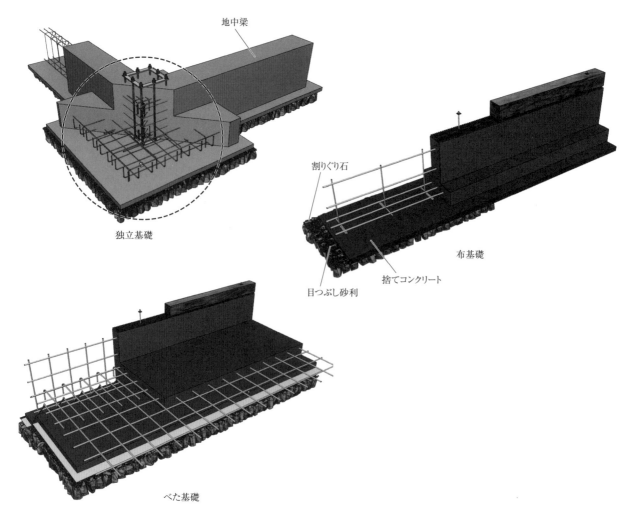

図2・5　直接基礎の種類

これらの直接基礎の工事では，まず，**割ぐり地業**を行う。割ぐり地業とは，まず，根切りにより地盤面下の土を掘削し，原石を 10〜20cm 程度に割ってできる割ぐり石を根切り底に縦長になるように敷き並べ，隙間には目つぶし砂利という細かい砂利を敷き詰めて転圧するもので，地表近くの不安定な地盤面を突き固める役割をもつ。割ぐり石を，それよりもやや小さな砕石で代替することもある。

通常は，割ぐり地業の表面を均し，墨打ちが行えるよう，その上に捨てコンクリートを打設し，その後基礎の配筋・型枠工事を行う。

2・2・2 杭基礎・杭地業

直接基礎では許容地耐力が不足する場合，地中深くの安定した地層（これを支持層という）まで**杭**（支持杭）を設け，その上に基礎（独立基礎）を構築する。適当な支持層がない場合には，杭と地盤との摩擦力で荷重を支える摩擦杭を用いる。

杭を設置する工事を**杭地業**といい，**既成杭**と**場所打ち杭**に大別される。

既製杭は，工場で製造された杭体（コンクリート杭や鋼杭）を地盤中に設置するもので，打撃による**打ち込み工法**，予め穴を掘って設置する**埋め込み工法**（図 2・6），圧力で貫入させる**圧入工法**があるが，「打ち込み工法」は，騒音・振動が大きく使用は限定される。

これに対して場所打ち杭は，掘削した杭孔に鉄筋かごを設置し，コンクリートを打設して鉄筋コンクリート造の杭体を建設現場でつくるもので，掘削方法により**オールケーシング工法**（図 2・7），**アースドリル工法**（図 2・8），**リバースサーキュレーション工法**などがある。

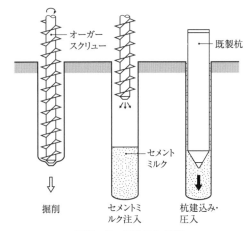

図 2・6 埋め込み工法

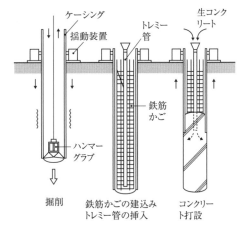

図 2・7 オールケーシング工法

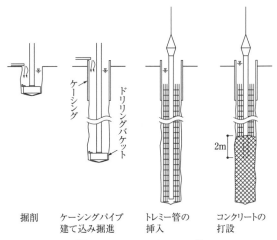

図 2・8 アースドリル工法

2・2・3 根切り・山留め

地業工事では、まず**根切り**（掘削）が行われる。地下階を設けるなど大規模で深い工事の場合は、側面が崩れないように対策を講じる必要がある。

敷地に十分な余裕がある場合は、安全な勾配の法面で掘削する**オープンカット工法**（図2・9）が用いられるが、それが難しい場合には側面に**山留め壁**を設ける。根切り底が地下水位より浅い場合は透水壁でよいため、親杭横矢板壁が用いられるが、地下水位より深い場合は止水壁としなければならない（図2・10）。これには、シートパイル（鋼矢板壁）、柱列（ソイルセメント壁）、場所打ちコンクリート連続壁などがある。

山留め壁は、小規模なものでそれ自身が側圧に耐えられる場合を除けば、何らかの支保工を施す必要がある。

最も一般的に用いられる**切梁工法**は、根切りの内部空間に切梁・腹起しなどを架け渡し、側圧をバランスさせる方法である（図2・11）。山留め壁背面の地盤にアンカーを打ち込み定着をとる**アースアンカー工法**は、内部に切梁や支柱などの支保工が不要になるため、地下工事の施工性に優れる（図2・12）。

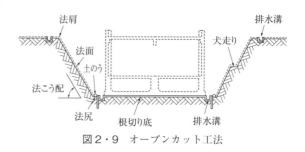

図2・9 オープンカット工法

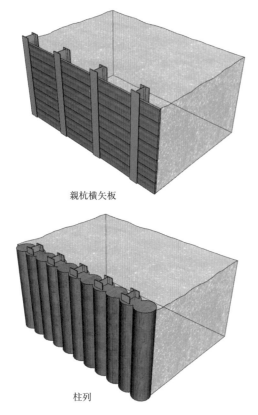

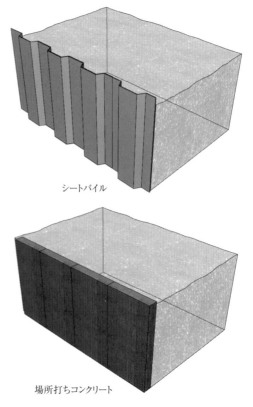

図2・10 山留め壁

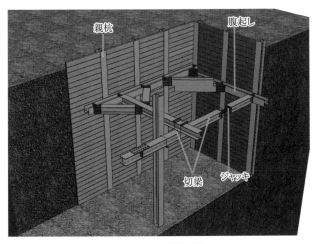

図2・11 切梁工法

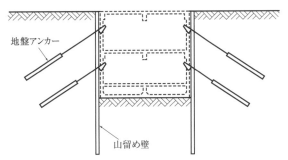

図2・12 アースアンカー工法

2・2・4 地下室

地下室では，周囲の地盤からの水や湿気への対策が極めて重要になる。コンクリートの躯体の場合，その外側に防水層を設ける場合と，内側に防水層を設ける場合に分かれるが，さらに内側に壁を設けて二重にし，その間で浸入水を抜く方がより優れている（図2・13）。

湿気に対しては，ドライエリアを設け，十分な換気を行う等の対策が必要になる。

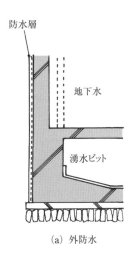
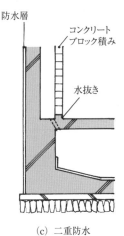

(a) 外防水　(b) 内防水　(c) 二重防水

図2・13 地下室の防水

2・2・5 地縄・遣り方

木造住宅など小規模な建物では，着工に先立ち，建築主や設計者の立ち会いのもと，敷地に縄（糸）を張って建物の位置を確認し，承認を得る。これを**地縄**という（図2・14）。

確認が終わると，地縄を目安に**遣り方**を行う。これは，地縄が撤去された後も基準位置がわかるように，空中に糸（**水糸**）を張るための仮設物のことで，周囲に巡らした水杭の間に水貫を渡し，これに水糸を張って位置を確認する（図2・15）。

その際，水糸の根本の位置を水貫に記しておくことで，根切り工事等により水糸を外した後も，必要に応じて張り直すことができる。

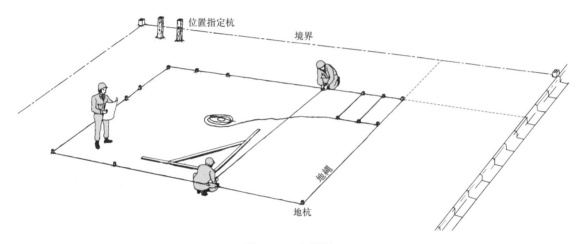

図2・14 地縄張り

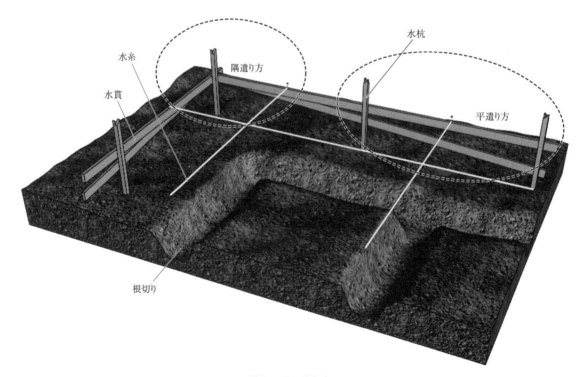

図2・15 遣り方

2・2・6 床下工事

基礎天端には土台を回し，これに柱を建て，1階床を組む。高温多湿のわが国では，木材を地面から離す高床の考え方が基本になっている。

建物下の地面から上がってくる湿気を防ぐには，地面を防湿シートなどで覆った上，床下空間の換気を行う必要がある。基礎の立ち上がり部に開口をつくり，ガラリを嵌め込む**床下換気口**（図2・16）や，基礎天端から土台を浮かせて隙間をつくる**基礎パッキン工法**などが用いられる（図2・17）。床下換気口の場合は，換気が適切に行われるように，その配置・間隔などに配慮する必要がある。

地面からの湿気の影響をより小さくするには，床下全面を一定以上の厚さのコンクリートで覆うことも有効になる。べた基礎は，既に基礎底盤がその役割を果たしているが，布基礎の場合は別途地表部をコンクリート（厚さが十分でない場合は防湿シートを併用）で覆う。これを，**防湿土間コンクリート**という（図2・18）。

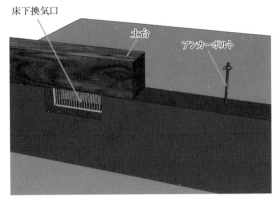

図2・16 床下換気口

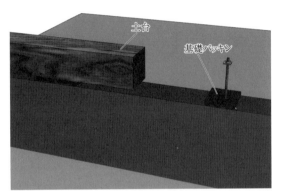

図2・17 基礎パッキン

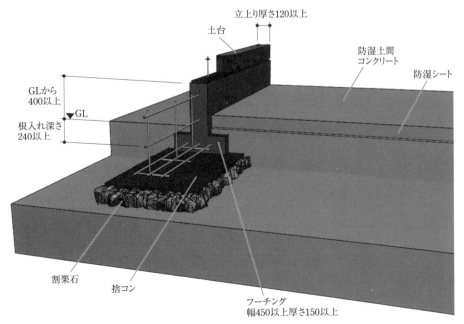

図2・18 防湿土間コンクリートの例

第3章

木造I　在来軸組構法

3・1　材料 …………………………42
3・2　躯体構法1 …………………47
3・3　躯体構法2 …………………61
3・4　屋根の構法 …………………64
3・5　外周壁の構法 ………………69
3・6　内装構法 ……………………72

　本章では，木造建築の中でも日本で最も一般的に用いられている在来軸組構法の原理と各部を中心に学習する。要点は次のとおりである。

(1)　木造建築に用いられる木材は自然素材であり，その種類も多い。実際の建築構法では，それぞれの木材の性質に相応しい用い方が考えられている。

(2)　軸組を構成する部材は柱，梁，桁，土台をはじめとして各種あるが，それぞれに役割があり，それに応じて断面寸法や接合方法が考えられている。

(3)　屋根，外周壁，内装には様々な材料が用いられているが，それぞれ要求される性能を実現するように構法が考えられている。

3・1 材　　料

3・1・1　木材の性質

　木材は比較的安価でありながら素材感もよく，古来より建築材料として広く使われている。木材は比強度（単位質量当たりの強度）が大きく断熱性も高い優れた建築材料である。生物由来の材料であるので，鉄，コンクリートなど他の材料に比較して品質に関するばらつきが大きい。木材の物理的・機械的性質の傾向は，その構造的特徴により説明することができる。

　図3・1は樹木を輪切りにした模式図である。この図に示すL，R，Tでは木材繊維の方向が異なり，それによって物理的・機械的性質が著しく異なる。このような性質を木材の直交異方性という。強度，収縮に関しての**直交異方性**を表3・1に示す。

　木材に含まれる水分の重量を木材の全乾重量で割った値の百分率を**含水率**という。含水率と木材強度には強い相関があって，乾燥しているほど強度は大きい。理論上はできるだけ乾燥させた状態で使用することが望ましいが，大気中に含まれる水分のために含水率は0とはならないので，現実にはほぼ平衡状態に達するまで乾燥させてから加工・施工すればよい。このときの含水率はおよそ15％程度である。**乾燥方法**には，桟積みによる自然乾燥のほかに，乾燥機を用いて短時間に人工的に乾燥させる方法もある。

　樹木には同心円状の年輪があるため，木材の木取りの方法によって特徴的な木目が現れる。図3・1でLT面に現れる木目を**板目**といい，LR面のそれを**柾目**とよぶ。柾目は板目に比較して歩留まりが悪く高価であるが，反りや収縮による狂いが少なく扱いやすい傾向がある。木材を切り出す箇所での**乾燥収縮**の傾向は，図3・2に示すとおりである。

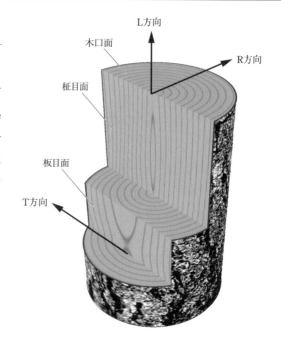

図3・1　木材の構造と直交異方性

表3・1　直交異方性と性質

	L	R	T
強度比	20	2	1
含水率の変動による変形比	1	10	20

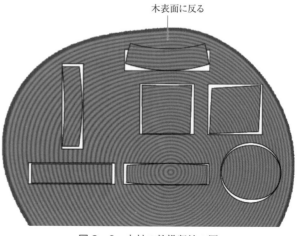

図3・2　木材の乾燥収縮の図

3・1・2 樹種と材料強度

木材は大きく分けて針葉樹材と広葉樹材に区別される。**針葉樹**は，材料として素直で使いやすく，比較的軽いわりに強度があるので構造用材料として優れている。**広葉樹**は針葉樹と比べると組織がやや複雑で水分の変動により狂いやすく重くて堅いため，造作材や家具として使われることが多い。

なお，建材としてよく使われる樹種と用途に関して表3・2および表3・3にまとめる。おおまかな傾向として，広葉樹の方が針葉樹に比べて強度が大きい傾向がある。

乾燥による変形と損傷

木材の乾燥に伴う損傷には，表面割れ，木口割れ，内部割れ，落ち込み，狂い，変色などがあり，十分に乾燥していない材料を用いると，これらの損傷による悪影響が避けられない（前頁図3・2）。十分に乾燥した材料を用いることは必須である。

表3・2 無等級材の基準強度

樹　種		基準強度 (N/mm^2)			
		圧縮	引張り	曲げ	せん断
針葉樹	あかまつ，くろまつ，べいまつ	22.2	17.7	28.2	2.4
	からまつ，ひば，ひのき，べいひ	20.7	16.2	26.7	2.1
	つが，べいつが	19.2	14.7	25.2	2.1
	もみ，えぞまつ，とどまつ，べにまつ，すぎ，べいすぎ，スプルース	17.7	13.5	22.2	1.8
広葉樹	かし	27.0	24.0	38.4	4.2
	くり，なら，ぶな，けやき	21.0	18.0	29.4	3.0

（平成12年　告示1452号，平成19年　告示1524号　改正）

表3・3 木造在来軸組構法の各部位に用いられる主な樹種

部　位	樹　種
土台	ひのき，ひば，べいひ，べいひば
柱	ひのき，すぎ，べいつが
胴差，桁	あかまつ，くろまつ，べいまつ，べいつが，すぎ，からまつ
小屋梁	あかまつ，くろまつ，べいまつ，からまつ
床梁	あかまつ，くろまつ，べいまつ，からまつ，べいつが
大引	ひのき，すぎ，あかまつ，くろまつ，べいまつ，からまつ，べいつが
筋かい	すぎ，べいつが
母屋，垂木	すぎ，あかまつ，くろまつ，べいまつ，べいつが，からまつ

（市ヶ谷出版社　建築構法　第五版より）

表3・4 木材の乾燥方法

天然乾燥	葉枯らし乾燥	伐倒した樹木を枝葉をつけたまま伐採地に一定期間放置し，葉からの水分蒸散作用によって樹幹部の乾燥を促進させる。
	桟積乾燥	製材後の木材を桟木を介して積み上げ，通風のよい場所で乾燥させる。
人工乾燥	乾燥機	温度，湿度，通風を人工的に操作しながら効率的に木材を乾燥させる。方式の異なる複数の乾燥機がある。

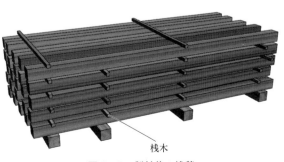

図3・3 製材後の桟積

3・1・3 製　材

木材を挽材加工することによって，建築用途に適したものにした製品を**製材**という。施工の合理化などを目的として製材の日本農林規格（JAS）が定められている（表3・5）。

製材は，節や繊維傾斜などの欠点が含まれるため，強度のばらつきが大きい。そこで，製材の**JAS規格**において構造用製材の等級区分を定めており，目視や機械計測により強度別に分類することで，用途に対応した製材を合理的に選択できるようになっている。目視による等級分けでは，節や丸身，割れなどの欠点の程度から判定するが，機械等級区分では，さらに計測機械をつかってヤング係数を測定しその値から区分する（表3・6）。**ヤング係数**は材料の変形のしにくさを表す値である。

原木の丸太からどのような製材を切り出すかを決めることを木取りという（図3・4）。原木の年輪が製材表面に板目や柾目となって現れる。板目取りでは幅広材が取れ歩留まりもよいが幅反りが起こりやすく，柾目取りでは良材が得られるが板幅が制約され歩留まりも悪い。

表3・6　機械等級区分構造用製材の等級

等級	曲げヤング係数 10^3N/mm^2
E50	3.9以上　5.9未満
E70	5.9以上　7.8未満
E90	7.8以上　9.8未満
E110	9.8以上　11.8未満
E130	11.8以上　13.7未満
E150	13.7以上

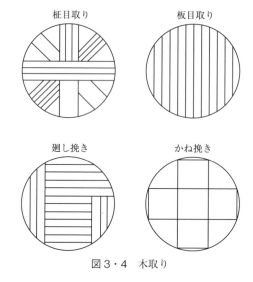

図3・4　木取り

表3・5　構造用製材の標準寸法

木口の短辺 (mm)	木口の長辺 (mm)																
15							90	105	120								
18							90	105	120								
21							90	105	120								
24							90	105	120								
27			45		60		75	90	105	120							
30		39	45		60		75	90	105	120							
36	36	39	45		60	66	75	90	105	120							
39		39	45		60		75	90	105	120							
45			45	55	60		75	90	105	120							
60					60		75	90	105	120							
75							75	90	105	120							
80								80	90	105	120						
90								90	105	120	135	150	180	210	240	270	300	330	360
100								100	105	120	135	150	180	210	240	270	300	330	360	390
105									105	120	135	150	180	210	240	270	300	330	360	390
120										120	135	150	180	210	240	270	300	330	360	390
135											135	150	180	210	240	270	300	330	360	390
150												150	180	210	240	270	300	330	360	390
180													180	210	240	270	300	330	360	390
200														200	210	240	270	300	330	360	390
210															210	240	270	300	330	360	390
240																240	270	300	330	360	390
270																	270	300	330	360	390
300																		300	330	360	390

3・1・4 木質材料(エンジニアードウッド)

製材が原木から切り出された製品であるのに対し，木材を原料に人工的に作られた材料を**木質材料**という。ラミナ，単板，各種チップ，ファイバーなど，原料となる木材片を接着剤などにより固定成型して製造される。面材料，軸材料とも製造され，面材料としては合板，配向性ストランドボード（OSB），パーティクルボード，ファイバーボードなどが，軸材料としては単板積層材（LVL），集成材，パララム®（PSL），直交集成板（CLT）などがある。さらに，表面仕上げ材を加えて内装材として使われる製品もある。

木質材料は，天然の製材とは異なり，製材に比較して材質のばらつきが少なく，製材より大きな断面，長い材，面積の大きい面材を得ることができ，また，製材として使えないような端材を材料として使用でき資源効率がよい，という特徴がある。

合板

単板（ベニア）を繊維の向きを直交させて奇数枚積層接着したもの。単板に比べて，湿度による変形や強度の異方性を解消してあり，幅広く使われている。主な原料はラワンなどの南洋材であったが，原木原産地での伐採制限により，ラワンから針葉樹への転換が進んでいる。また，性能面での差別化も進んでおり，耐力壁に用いられる構造用合板や，下地用の普通合板，コンクリート打設に用いる型枠用合板，仕上げ材として使う化粧合

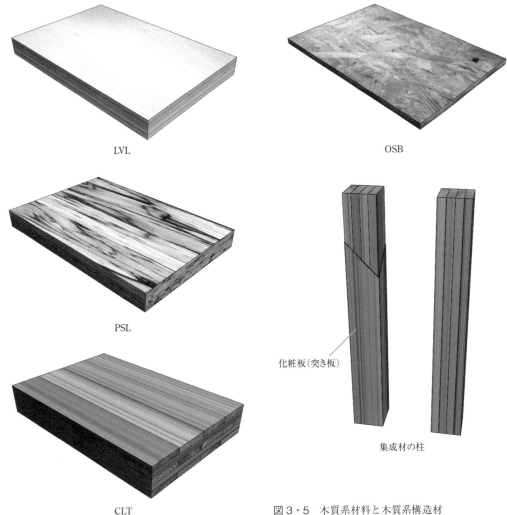

図3・5 木質系材料と木質系構造材

板などがある。

繊維板（ファイバーボード）

　繊維板は蒸煮・解繊した木材繊維に合成樹脂を加えて成型したもので，密度により以下に示す三種類に分類される。異方性をもたない均質で狂いの少ない大板が得られる。

　インシュレーションボードは最も軽量な材料で，多孔質であることから，断熱性・吸音性・調湿性に優れている。アスファルトを付加して耐湿性を高めた**シージングボード**は外壁下地に用いられる。

　ハードボードは最も密度の高い材料で，建築以外の工業製品にも使われている。

　これらの中間の密度をもつ**中質繊維板（MDF）**は豊富な板厚が用意されており，使用する接着剤の種類で三分類されているが，建築の下地や造作材には耐水性を持たせた種類が用いられる。ルーターやサンダーなどによる加工性がよく表面が平滑であるため塗装やシート貼りの下地にも適している。家具やキャビネットなどにも多用される。

パーティクルボード

　パーティクルボードは切削あるいは破砕された木片を接着剤で熱圧成型した板材である。繊維板に比較すればエレメントが大きいため木の性質をやや残しているが，異方性は少なくなっている。床下地をはじめ家具，建材の心材，キャビネットなどに多用されている。遮音性・断熱性が高く，厚さ大きさとも豊富なバリエーションで流通している。構造用合板と同等な強度を持つ**ウェファーボード（WB）**や**配向性ストランドボード（OSB）**もパーティクルボードの一種である。

集成材

　挽板（ラミナ）または小角材を繊維方向を揃えて接着集成したもので，構造用集成材と造作用集成材に大別される。

　構造用集成材は構造部材として用いるもので，製材のおよそ1.5倍の曲げ強度がある。ラミナ厚は50mm以下で5層以上積層する。また，使用時に応力が大きくなる外側ほど等級品質の高いラミナを用いる。

　造作用集成材もラミナ厚は50mm以下であるが，簡易な継手（突付け）でよい。部品化・ユニット化された敷居や長押，ドア枠などの多くは化粧用単板を張った造作用集成材が用いられている。

　製材に比較して低コストで大断面かつ長大な材を作ることができ，また湾曲させられるので，集成材を用いて大きなスパンを実現した木造建築が増えている。

CLT（直交集成板）

　CLTはCross Laminated Timberの略称で，挽板を層毎に直交するように重ねて接着したものである。比較的新しい木質材料である。寸法精度よく面積と厚みを設定できるので，壁や床など構造用のパネル部材として使用される。

LVLとPSL

　単板積層材（LVL）は薄く切削された単板（厚さ2～4mm程度）を繊維方向を揃えて積層接着した木質材料で，構造用材および造作用材のJAS規格がある。集成材に比べ薄い単板のため乾燥や薬剤浸透もさせやすく，また，より多層となるため品質のばらつきが少ない。柱梁など主要な構造部材としての利用が増加している。また，製造の仕組み上の長さの制限はないが，輸送方法により上限が決まる。

　パララム®（PSL）はLVLと同様の単板をさらに細長い木片（ストランド）に切断し，これらを軸方向を揃えて接着成型したものである。ストランドにすることでLVLよりも構成要素がより小さくなっており，強度的なばらつきがさらに少なくなっている。構造部材として用いられるが，特徴的な表面の模様が意匠に生かされることも多い。

3・2 躯体構法1

3・2・1 在来軸組構法

木造軸組構法は木質構造の構法の一つである。日本古来の伝統構法を合理化した構法とされ、工業化されたプレハブ構法と対比して、**在来構法**と呼ばれることが多い。

木造軸組構法では柱や梁と呼ばれる線材で構造を構成し、これを軸組という。設計の自由度が高く、また、改修も比較的容易である。

軸組は、土台、柱、通し柱、胴差、桁、筋かいなどの部材を組み、さらに床組材・小屋組材を接合して全体を構成する。

表3・7 部位と樹種

使用部位	選定上のポイント	適用樹種（集成材を除く）
土台 大引	湿気に強く、防蟻性・防腐性に優れていること	国産材：ヒノキ, ヒバ, クリ 外国材：ベイヒバ, ベイツガ
柱	まっすぐで木理が通り、加工性がよいこと	国産材：スギ, ヒノキ, ヒバ, ツガ 外国材：ベイヒバ, ベイツガ
2階梁 小屋梁	曲げ強度が大きいこと	国産材：アカマツ, エゾマツ, スギ 外国材：ベイマツ

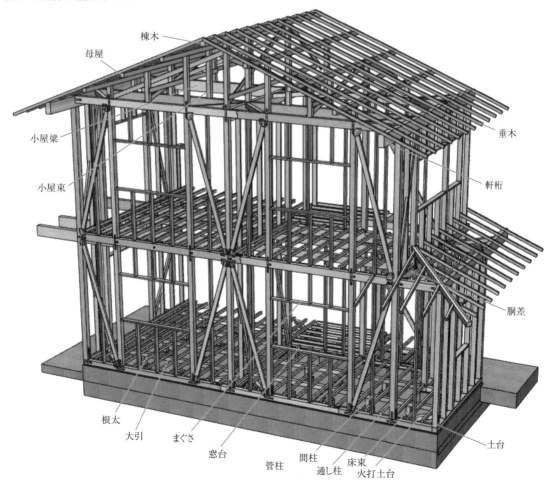

図3・6 在来軸組構法

土台

土台は基礎の直上に置く水平材である。柱の下端を固定し上部からの荷重を基礎・地盤へと伝達する役割をもつ。

図3・7, 図3・8に土台まわりの構成を例示する。基礎との結合は，継手・仕口および材端部の周辺に適切に配置したアンカーボルトによる。

近年では，一階床下の湿気の調節のために土台と基礎の間にスペーサーを挟み通気用の隙間を設ける**基礎パッキン**がよく使われるようになっている。スペーサーの素材としては，モルタルや樹脂製のパッキンが用いられる。

また，土台は地盤に近く，湿気やシロアリの被害を受けやすいためヒバやヒノキ等の樹種を選択し，あわせて**防腐防蟻処理**を施す。

図3・7 土台のとりあい

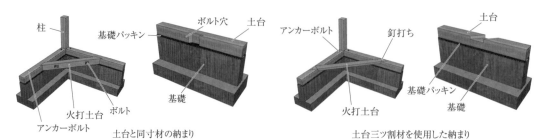

図3・8 火打ち土台

大引と根太

大引は一階の床荷重を支えるための部材である。土台と結合する場合，通常は土台と上端を合わせることが多いが，床高に応じて大引受け，束などを用いて土台とからませない納まりもある。

一階根太は床板を直接支える部材で，畳仕上げの場合 455mm，床板の場合は 303mm 間隔で並べることが多い。集中荷重を受ける箇所ではさらに細かく配する。土台に釘打ちで固定するが，せいが高い場合は渡りあご掛けとすることもある。

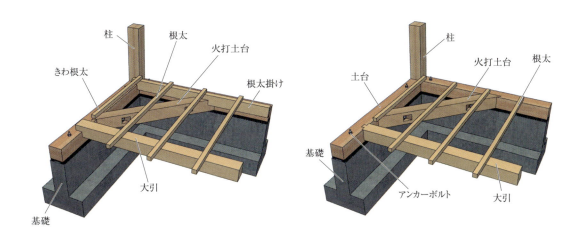

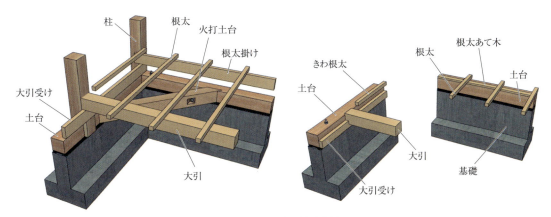

図3・9　大引きと根太

床束

　床束は大引の荷重を地盤に伝える部材で，大引，束石との接合部は柄差しなどとしてしっかり固める。また，大引と直交する方向に**根がらみ貫**を入れて床束を拘束することもある。また，床高が取れない場合には床下の防湿対策を十分におこなったうえで束を省略した転ばし床とすることもある。

　近年は，ベタ基礎の上に鋼製あるいはプラスチック製の束を用いて大引を支える構法が普及している。

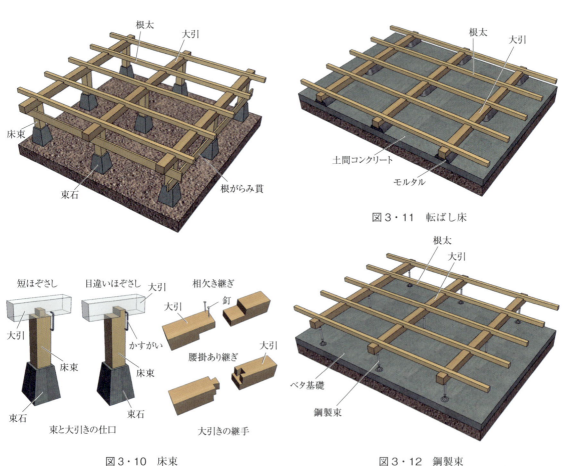

図3・10　床束

図3・11　転ばし床

図3・12　鋼製束

荒床

一階根太の上に敷く床仕上げ下地の板のことで，最近では12mm厚合板を用いることが多い。これは，合板を敷き詰めることにより水平構面の剛性が確保でき施工中の作業性も向上するからとされるが，湿気対策にはスギなどのムク材を用いるほうがよいこともある。また，**根太レス構法**とする場合は，24mm程度の構造用合板を用いる。

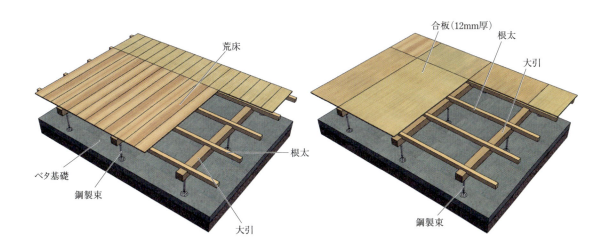

図3・13　荒床と根太レス構法

3・2・2 柱

柱は，床，屋根などの上部の荷重を土台に伝える垂直材である。二階建ての場合，一階から二階まで一本の柱で通す**通し柱**と，各階毎に配置する**管柱**がある。

上下端をほぞとし補強金物を用いて横架材と結合する。構造上必要な箇所では，引き抜き防止のために**ホールダウン金物**で緊結する。

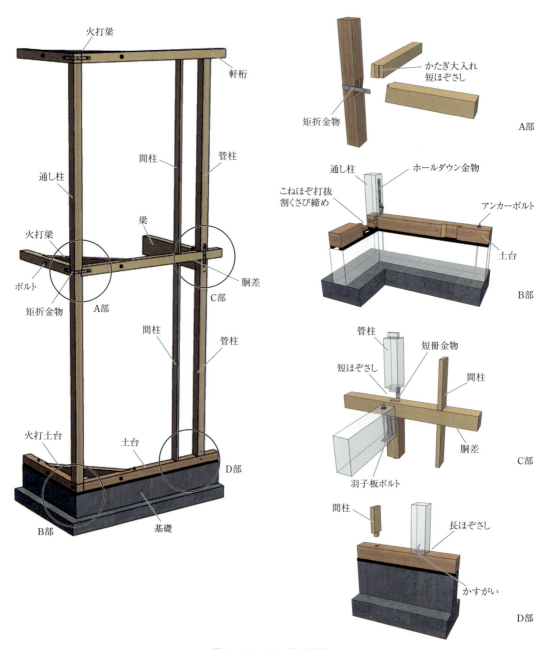

図3・14 通し柱と管柱

3・2・3 桁・胴差

柱の上端を連結する水平材を**桁**といい，小屋梁を受けて屋根荷重を柱に伝える。外周軸組のうち，平側にあるものを**軒桁**，妻側にあるものを**妻梁**という。

二階建ての軸組では，軒桁と土台の中間位置で**胴差**を設けて上下階の軸組を連続させる。

大規模な建物の場合，台輪を設けることもある。

金物を積極的に用いて連結する金物構法の採用も増えてきている。

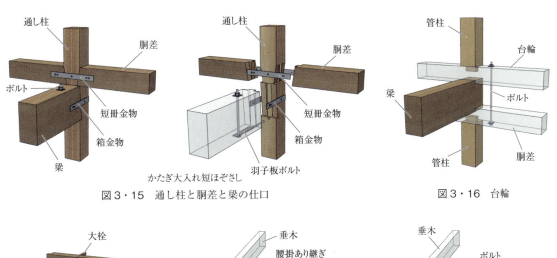

図3・15　通し柱と胴差と梁の仕口　　　図3・16　台輪

継手（追掛大栓継ぎ）

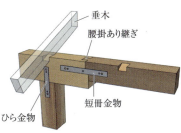

継手の補強

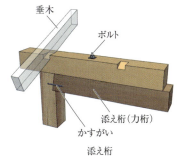

添え桁

図3・17　桁の継手と補強

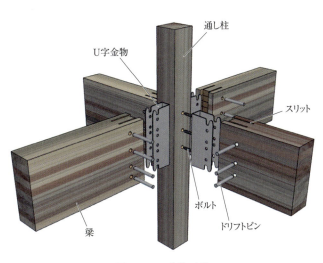

図3・18　金物工法

3・2・4 筋かい・貫・間柱

筋かい

筋かいは，地震や風による水平力に抵抗するため，土台・柱・軒桁などの軸組材で囲まれた枠のなかに対角線方向に入れる斜材である。

筋かいには，入れ方によって片筋かいと両筋かいがあるが，できるだけ筋かいを欠き取ることのないようにする。

筋かい端部の仕口は，筋かいの断面寸法によって異なり必ず金物で補強する。柱脚部に引っ張り力が働く場合には**ホールダウン金物**で柱を基礎に緊結する。その際，筋かいプレートなどとの納まりに注意する。

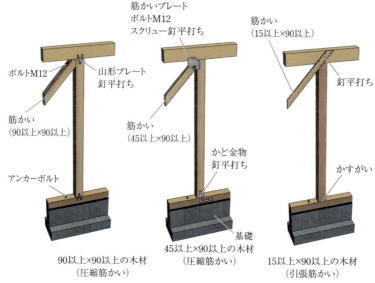

図3・19 筋かい

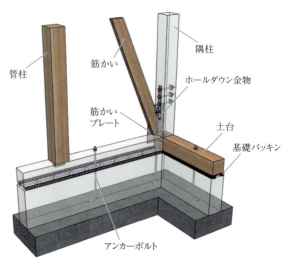

図3・20 ホールダウン金物

貫

真壁式の壁の骨組みで柱と柱の間に水平に取り付けたものを**貫**という。柱に設けた孔に貫を通し，がたつきをくさびや釘で納める。

貫には，使用位置によって図3・21のように，地貫・胴貫・内法貫・天井貫があり，壁・天井の造作材・仕上げ材との関係でその位置を決める。

窓台・窓まぐさ・方立

大壁の開口部には，開口部建具を取り付けるための部材が必要である。**窓台・窓まぐさ**は水平の軸組部材として，柱に大入れかすがいうちで補強し，間柱端部を釘打ちして固定する。

柱から離れた位置に立枠を設ける場合は，**方立**を窓台・窓まぐさの間に垂直に設ける。

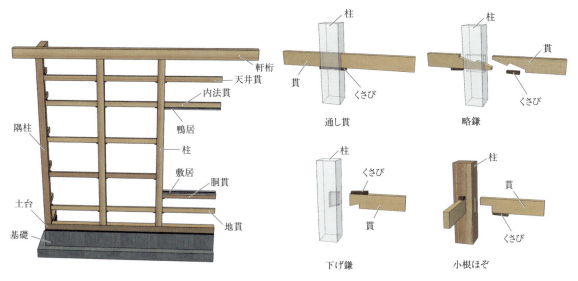

図3・21　貫の種類と貫の柱へのとりつけ

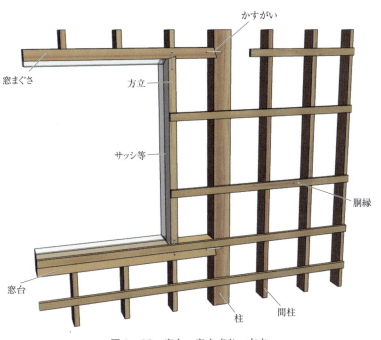

図3・22　窓台・窓まぐさ・方立

3・2・5 小屋組・床組

小屋組

屋根を形作る架構を**小屋組**という。小屋組の構造や形態は多種多様であるが，雨仕舞をよく考慮して構法を選択する。

和小屋

和小屋は，地廻りと呼ばれる桁と梁で構成される水平部分に**束**をたて，その上に**母屋**，**垂木**と組み上げていく。屋根の荷重はこれらの部材を通して**小屋梁**に伝えられ，屋根全体を支持する。このため，小屋梁には曲げに強いアカマツ，クロマツ，エゾマツの丸太や，ベイマツの平角材がよく用いられる。

材長の制限により三間までは1スパンで構成できるが，それ以上の場合は**敷梁**を設けてその上で梁を継ぐようにする。マツ材丸太は強度があるものの捩れや曲がりを生じやすいので，梁間が大き

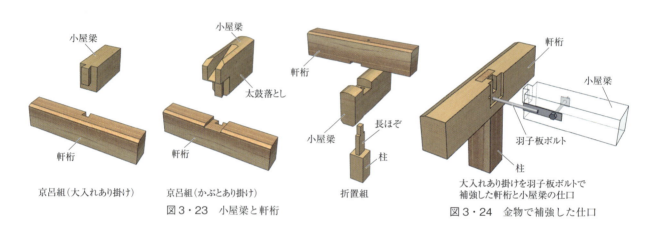

図3・23 小屋梁と軒桁 図3・24 金物で補強した仕口

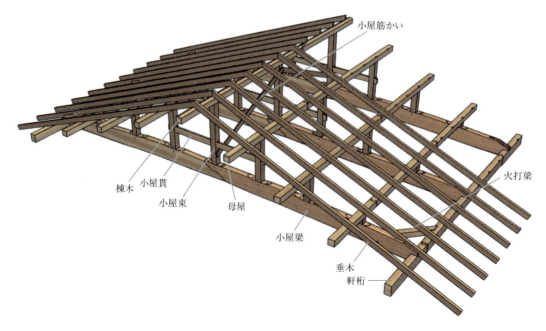

図3・25 和小屋

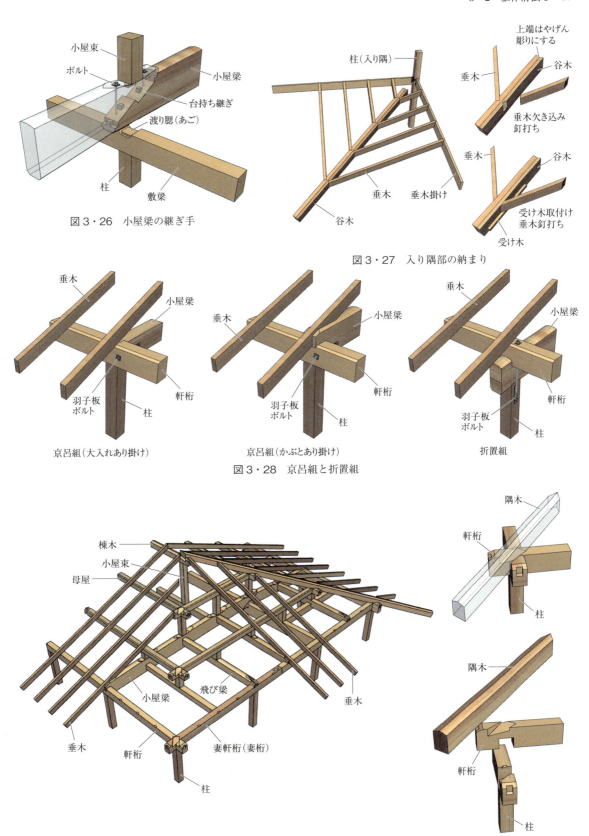

図 3・26 小屋梁の継ぎ手

図 3・27 入り隅部の納まり

図 3・28 京呂組と折置組

図 3・29 屋根隅部の納まり

い箇所にはつなぎ梁を直交して入れ，束がずれてしまわないように通し貫で固める。

小屋梁の掛け方には京呂組と折置組がある。**折置組**は柱上端部を長ほぞとし，小屋梁，軒桁を貫通する構成となるため，柱の配置が制限されてしまう。軒桁に小屋梁を掛ける**京呂組**とすることが多い。

二つの屋根面が交わって出隅，入隅となる部分には，**隅木**，**谷木**をそれぞれ設ける。

洋小屋

洋小屋は**トラス構造**であり，木材の繊維方向の強度を生かした力学的に合理的な構法である。和小屋に比べて断面の小さい部材で構成でき，学校校舎や倉庫などの大スパン屋根に用いられることが多い。合掌，陸梁，真束，方杖，吊束などの部材からなり，互いの部材を金物で緊結して一体とする。

垂木構造

小屋束などを省略した屋根で，屋根の荷重を垂木で受ける小屋組の架構。この場合の垂木を力垂木とよんで区別することもある。

登り梁構造

屋根勾配にあわせて傾斜して配置した梁で屋根の荷重を受ける小屋組の架構。垂木構造と同様に束などの部材を省略できる。天井を張らずにあらわしとする場合に多用される。

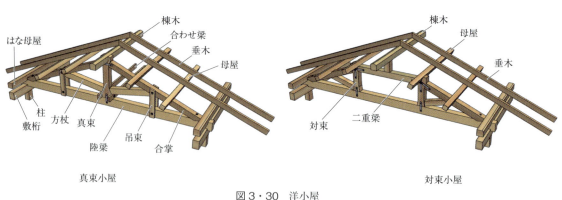

図 3・30　洋小屋

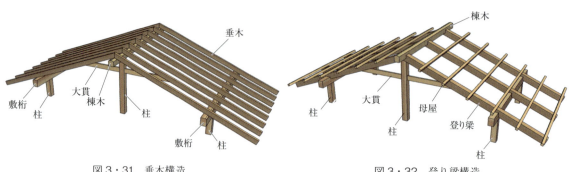

図 3・31　垂木構造　　　　　図 3・32　登り梁構造

床組

　床組は床の荷重を支持し下階の天井を吊り下げる働きを持つ。床下地として**根太**を設けるのが一般的であったが，近年は根太のない床が増えてきている。

　二階以上の床組は，床荷重を周囲の柱になるべく均等に伝え，水平力に対しては床面の剛性をもって外力を軸組全体で負担させる役割をもつ。上下階のプランによる柱位置や，階高や天井高との関係から床の構法を選択する。梁間が大きくなる場合には，鉄骨梁とすることもある。

　梁に根太を掛け，その上に合板を張り**火打ち梁**

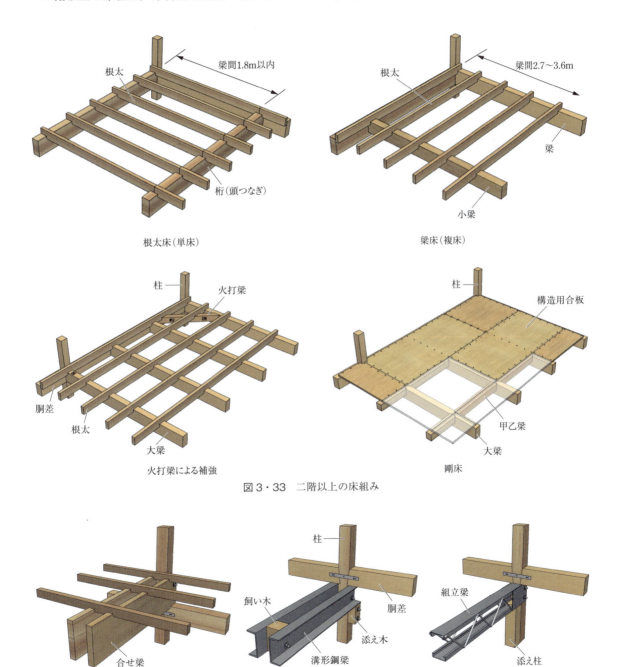

図3・33　二階以上の床組み

図3・34　大梁間用の梁の例

で固定して剛性を確保する構成が標準的であるが，根太の代わりに甲乙梁を設けその上に厚合板を釘打ちする構成もある。

床梁には曲げ強度の強いマツ材を用いることが多い。梁間の寸法や掛け方は上下階のプランや天井を張るかあらわしとするかで決める。

甲乙梁は大梁の間に2〜3尺間隔で入れる小梁のことをいい，大梁と天端をそろえて納める。

火打ち梁は，梁と胴差しなどの水平部材の交差部に三角形をつくるように斜めに入れる部材である。これにより床組の剛性を高める。

二階根太は45×105mmのヒノキ，マツなどを使用するが，成が高いので転ばないように梁との仕口を工夫する。

3・3 躯体構法2

3・3・1 継手・仕口

部材を長さ方向に一直線につなぐ接合の仕方を**継手**といい，角度をもたせる接合の仕方を**仕口**という。継手・仕口の形状は多種多様であるが，見え掛かり部分を単純にする，収縮や反りなど木材の経年変化を想定する，断面欠損を少なくして耐力を損わないようにする，などの目的をもって設計されている。

従来，継手・仕口の加工は熟練大工の手仕事であったが，機械化の進んだ近年，工場での機械加工が多く用いられるようになった。工場での事前の機械加工を**プレカット**という。

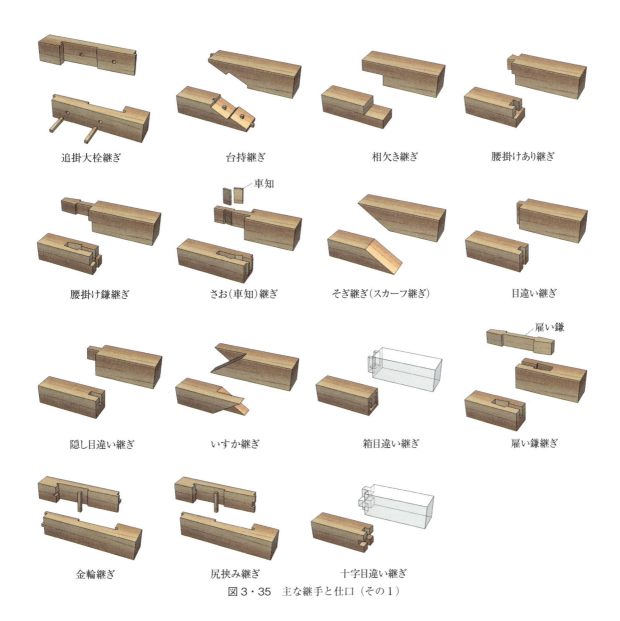

図3・35 主な継手と仕口（その1）

ノミによる手仕事と異なり，回転する刃物で木材を加工するには，特に女木の切削形状に制限がある。そのため，伝統的な継手仕口の切断面を曲面にした形状のものが多い。

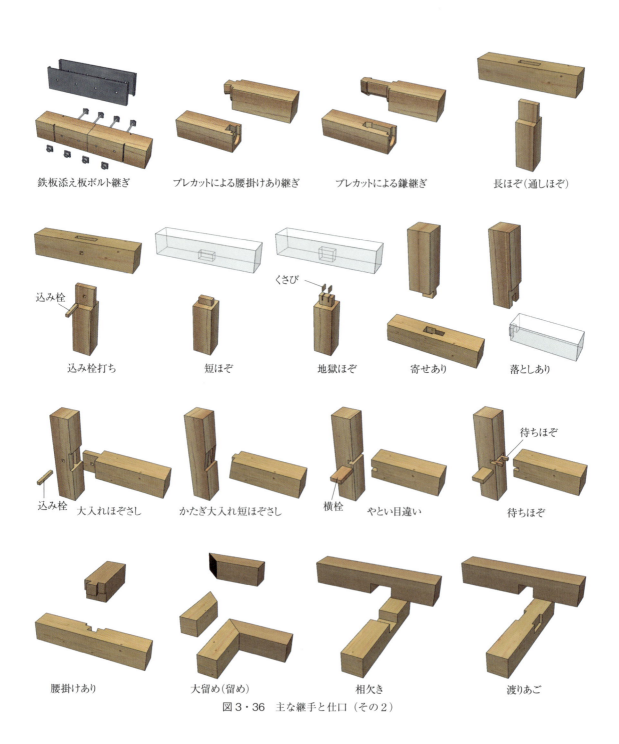

図3・36 主な継手と仕口（その2）

3・3・2 補強金物

現代の在来軸組構法では，合板や石膏ボードの多用により剛性は向上したが，骨組そのものは材断面の減少により粘りが失われている。また，木造住宅の耐震性への要求も高まっている。粘り強さの確保と軸組を崩壊させない終局耐力を担保する手段として，金物による補強が一般的になっている。

補強金物（Zマーク表示金物）には用途に応じて多くの種類があり，規格に従った施工をおこなう必要がある。また，木材と金属という異種の材料の混用に起因する問題もある。結露による木材の腐朽や，木材のやせによる金物の緩みなどに配慮が必要である。

大きな耐力を得るためにボルトを用いる場合は，ボルト頭およびナットが木材にめり込まないように座金を用いる。

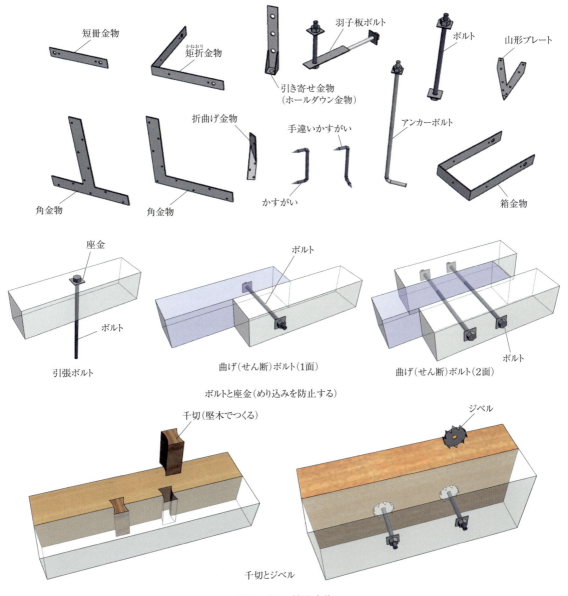

図3・37　補強金物

3・4 屋根の構法

木造住宅では切妻屋根や寄棟屋根などの傾斜屋根が一般的である。日射や雨から壁面を保護するために，軒を外壁面より張り出す。

屋根構法の選択では，地域の気象条件が考慮され，風の強い地方では緩勾配，多雨の地方では急勾配となる。また，勾配に応じて防水性能を確保できる適切な屋根葺き材を選択する。

3・4・1　屋根の種類

屋根形状には図3・39に示すように多様なものがあるが，代表的なものを以下に取りあげる。

寄棟屋根

大棟から四方に勾配面を設ける屋根で，妻面がないので雨仕舞がよい。

入母屋屋根

寄棟に切妻をのせた形状の屋根を入母屋という。入母屋は伝統的木造建築に多く用いられている。

方形屋根

寄棟と似た形状だが，隅棟（木）を一点に集中させた屋根。屋根頂点に置くかぶら束と軒桁隅部を四本の隅棟（木）で結合し，平面形は正方形が基本となる。

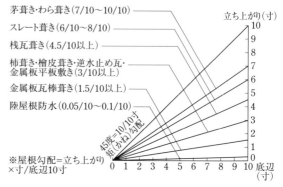

図3・38　屋根ふき材と**屋根勾配**の関係

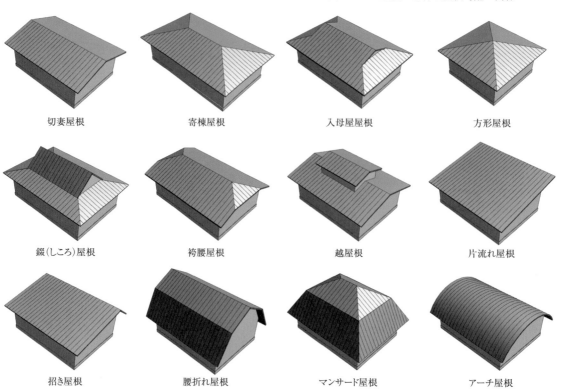

図3・39　屋根形状の種類

切妻屋根

最も基本的な形式であり，桁・梁・束・母屋・棟木・垂木で構成される構造は単純明快である。屋根の荷重を大梁で受ける構成のため，小屋組を平面の計画と同時に検討する。妻面に開口部を設けることができるが，雨掛かりになりやすいので防水への配慮が必要である。

片流屋根

切妻屋根を棟木に沿って半分にしたような形式である。小規模な木造住宅で多用される。

起りと照り

屋根面を平面とせず曲面とする屋根には，起り屋根と照り屋根がある。起り屋根では屋根面が凸にふくらみ，照り屋根では凹にへこんだ形状となる。

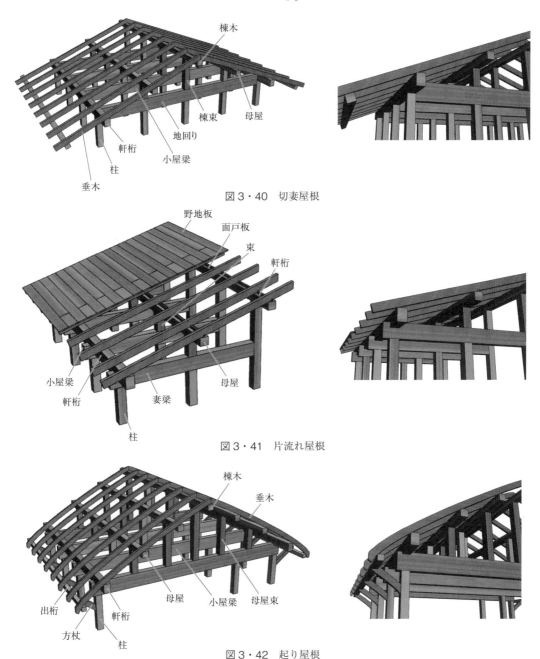

図3・40 切妻屋根

図3・41 片流れ屋根

図3・42 起り屋根

3・4・2 屋根の葺き方

一般的な屋根の構成は，小屋組の垂木の上に**野地板**を張り，さらに防水層を設けてから葺き材を施工する。野地板は現在では合板を用いることが多い。また，**防水層**はアスファルトルーフィングを敷くのが通常であるが，寺社仏閣などでは伝統的な**土居葺き**が現在でも使われている。

3・4・3 瓦

瓦は昔から広く用いられている仕上げ材で，耐久性が高く不燃であり断熱性能も高い。一方，重量があるため強風には有利だが地震には不利である。

瓦は，製造される地域の窯業による個性が反映され，種類形状が多様である。素材で区別すると，粘土を原材料とする粘土瓦とセメントを主原料としたセメント瓦があり，さらに，粘土瓦では製造方法よりいぶし瓦，釉薬瓦，塩焼瓦に分類される。

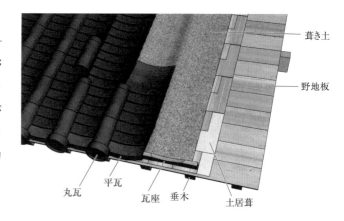
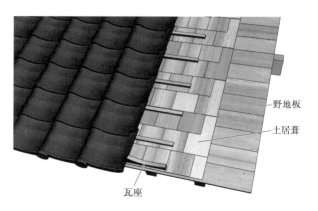

図3・43 本瓦葺・土居葺

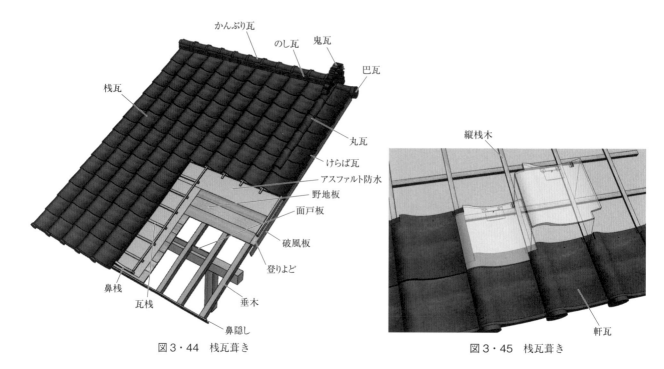

図3・44 桟瓦葺き　　　図3・45 桟瓦葺き

本瓦葺き

社寺建築に用いられる本瓦は，平瓦と丸瓦の二種類の凹凸のある瓦からなり，これらを交互に重ねるように葺く。**本瓦葺き**では，葺き土が大量に必要となるので屋根が重くなる。

桟瓦葺き

桟瓦は本瓦葺きの平瓦と丸瓦を合わせて一体とした形状のものである。野地板上に敷設した瓦桟に引っかけられるように瓦裏面に突起が付いているものが，引っかけ桟瓦である。この突起により，地震時などに瓦が滑り落ちるのを防ぐ。

3・4・4 金属板葺き

亜鉛鉄板，アルミニウム板，ステンレス鋼板，銅板などを葺き材に用いる。葺き方には，平板葺き，瓦棒葺き，波板葺きおよび横葺きがある。

金属板葺きでは，材料の継ぎ目で雨の浸入を防ぐ「はぜ」により，屋根勾配を比較的緩くすることができ，また，作業性のよい緩勾配で長尺の材料が使えることから効率的に施工できる利点がある。さらに，金属葺き材は施工現場で容易に加工できるので，複雑な屋根形状にも対応しやすい。

他方，断熱性能が低く，温度変化による伸縮が大きい。雨音などの防音遮音対策に工夫を要するなどの弱点もある。

亜鉛鉄板

溶融亜鉛めっき鋼板のことである。亜鉛の表面には酸化皮膜が形成されており，水に対する保護皮膜の役割をもつ。また，傷などで母材の鉄板が露出した場合でも，イオン化傾向の差から亜鉛が先に腐食して鉄板の腐食を防ぐ犠牲防食の機能をもつ。亜鉛とアルミニウムの合金でめっきしたものを**ガルバリウム鋼板**という。厚さ 0.4mm 程度の板が用いられる。

アルミニウム板・ステンレス鋼板

アルミニウム板は軽量であり，表面に酸化膜が形成されることで腐食されにくい。酸とアルカリに弱いので，コンクリートに接する箇所では腐食対策が必要になる。加工性がよいことから瓦棒葺きで用いられる。瓦棒葺きには**ステンレス鋼板**も用いられることがある。

銅板

高級な金属葺き材であり，耐久性，加工性ともに優れている。また，表面が腐食してできる緑青は銅板内部の腐食を防ぐ保護膜となるだけでなく，美観にも優れる。一般に，平板葺きとする。

一文字葺き

金属板を長方形に板取して，棟に沿った方向に一直線の継ぎとなるように軒先から棟に向かって葺く。継ぎはこはぜ掛けとし，およそ30cm間隔で吊り子を設け屋根下地に釘打ち固定する。

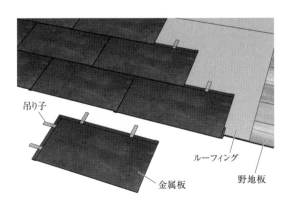

図3・46 平板（一文字）葺

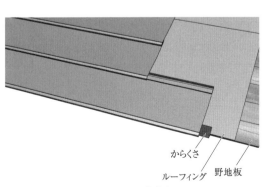

図3・47 段葺き

段葺き

　長尺板を横方向に葺く形式で，両端部の接合部を雨仕舞がよいように折り曲げた板を用いる。複雑に加工した端部を継ぐための厚みが独特の意匠となっている。

たてはぜ葺き

　長尺板を垂木（流れ）方向に平行に葺く方法。隣り合う金属板端部を折り返してはぜをつくる。

瓦棒葺き

　垂木（流れ）方向に平行に等間隔に設けた瓦棒の間にU字型断面の葺き板を施工し，これと瓦棒にかぶせる上ぶた板とをこはぜ掛けで継ぐ。雨仕舞がよいが，長尺板を用いるので風による浮き上がり対策を要する。

3・4・5 スレート葺き

　シングル葺きでは，定形の薄板を上下段で重ねて並べる。葺板に隙間ができるが，上下段の重ね代を十分にとることで水の浸入を防ぐ。

　スレート葺きはシングル葺と同じ着想によるが，シングル葺の大きい重ね代は材料の消費が増えるので，葺き方を工夫するなど，合理化が図られている。

　スレート板には，天然（粘板岩）のものと，人工（セメントと繊維の混合物）のものがある。葺き方としては平板葺き（一文字葺き）とすることが多い。人工スレートには波状のものもあり，また，表面の着色やエンボス加工により雰囲気を変えることができる。

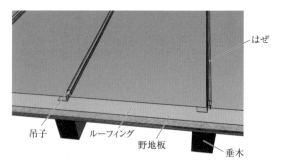
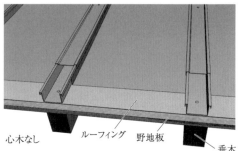
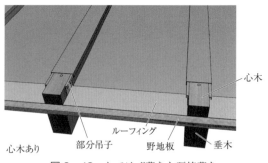

図3・48　たてはぜ葺きと瓦棒葺き

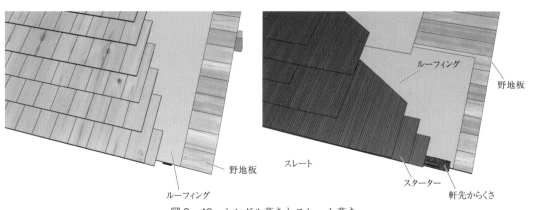

図3・49　シングル葺きとスレート葺き

3・5　外周壁の構法

外壁は美観を備えるだけでなく，防水性や防火性，遮音性，耐震性，長期にわたる耐候性を持たねばならない。

3・5・1　板壁

板壁

国産材ではスギ・ヒノキ・ヒバなどの比較的水分に強い材料が用いられる。板幅は105mm〜180mm程度が標準である。板を張る方向で区別され，縦に張るものを**縦羽目板張り**といい，横に張るものを**下見板張り**という。板壁では防水性への配慮が特に重要で，仮に板壁の内部に水が浸入してもすみやかに外部に排出できる納まりとする。

また，外壁では内壁に比べて板の狂いが生じやすいので，合じゃくりとする場合でも目透かしの箱目地にしておくと見苦しくなりにくい。

縦羽目板張り

18×45mm以上の胴縁をおよそ450mmピッチで設け，防水シートを介して板を張る。縦羽目張りには，本実張り，雇い実張り，合決り張りが用いられるが，これらの加工に十分な板厚が必要である。出隅，入隅となる部分を留めや遣り違いにする場合，経年変化で板と板の隙間が生じがちであるため，防水シートを増し張りするなどする。

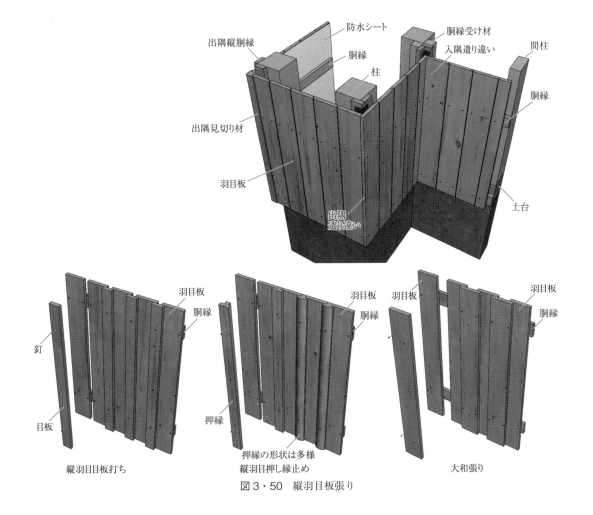

図3・50　縦羽目板張り

下見板張り

　柱や胴差しと面位置を揃えた間柱を下地として，防水シートを介して板を張る。横張りには押し縁下見板張り，ささら子下見板張り，南京下見板張り，ドイツ下見板張りなどの種類がある。

　押し縁下見板張りは，張り重ねた板の継ぎ位置を押し縁で押さえる納まりで，7.5mm厚，幅240mm前後の薄板を30〜45mm程度重ねて釘打ちし，その上から15×45mm程度の押し縁をあて間柱に釘で止める。板厚が薄いため，出隅，入隅が納めにくいので，見切り縁を設けることが多い。

　ささら子下見板張りは押し縁張りに似ているが，押し縁の代わりにささら形をした見切り縁を用いる。押し縁下見板張りより上等な納まりで，厚めの板が用いられる。

　南京下見板張りは板の重ね代を30mm程度と多めにとり，出隅，入隅は留めや遣り違いとする。**ドイツ下見板張り**は合决りで箱目地とした張り方で，南京下見板張りに比べて平板な意匠となる。出隅を遣り違いにすると目地が目立つので，見切り材を設ける。また，どちらの張り方も押し縁などは設けない。

3・5・2　サイディング

　窯業系サイディングはセメント系の原料に繊維を混ぜて板状に成型したもので，特に防火性能が高く都市部では板張りに代わり広く普及している。板張りと同様に横張りと縦張りがあり，また，工業製品のため寸法や表面デザインが多様である。専用ビスで容易に施工できる。板張りと同

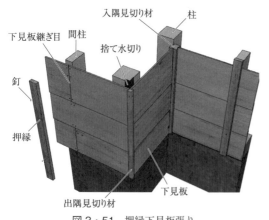

図3・51　押縁下見板張り

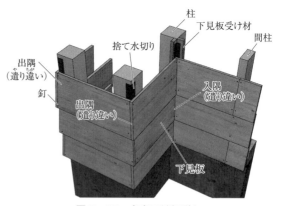

図3・53　南京下見板張り

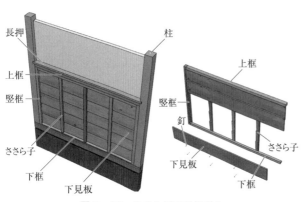

図3・52　ささら子下見板張り

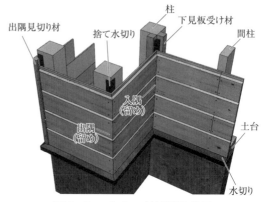

図3・54　ドイツ下見板張り姿図

様に，屋根や開口部との取り合い部分での雨仕舞に配慮する。

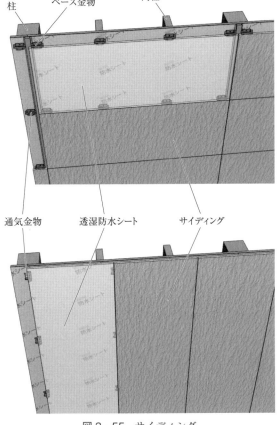

図3・55　サイディング

み付け，これを心材として土を塗り込み壁にする。外壁の上塗りとして漆喰が用いられることが多い。

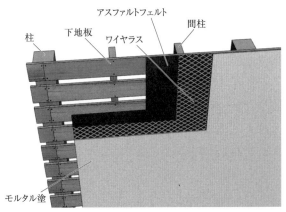

図3・56　モルタル塗り

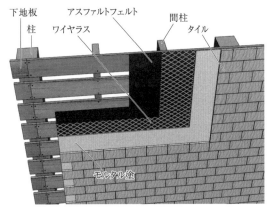

図3・57　タイル張り

3・5・3　塗り壁

　塗り壁では継ぎ目のない壁面を構成することができるが，施工後に乾燥のための養生時間が必要であり，また，左官工事には熟練を要する。経年変化により亀裂が生じやすい。

　塗り壁の下地は，下地となる板の上に防水紙を貼り，その上にメタルラスを打ち付けてからモルタルを塗る方法が一般的である。

　仕上げ材料には，リシン，弾性リシン，スタッコなどがある。吹付工事で，これらの素材を仕上げることもある。また，塗り壁の下地としてタイル張り仕上げとすることもある。

　伝統的な真壁の納まりでは小舞壁が用いられる。柱間に渡した貫を頼りに網の目状に小舞竹を組

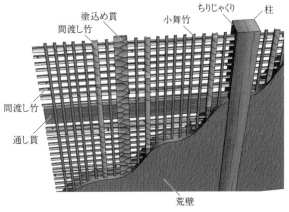

図3・58　小舞壁

3・6 内装構法

3・6・1 床

床下地板張り

近年の床の構法では、梁（大引）の上に厚い構造用合板を直接下地として張り、その上にフローリングなどの化粧材を張る納め方が増加しているが、根太を設ける床の場合には根太上にスギ板張りか合板を釘打ち張りとする（図3・59）。つまり、根太のあるなしで仕上げを含む床の材料の厚さが多様になることに注意が必要である。

フローリング

フローリングはムクの単板による単層フローリングと、表面単板に突き板を用いた合板の複層フローリングに大別される。単層フローリングの方が高級であるとされるが、複層フローリングは、ムク材では難しい900mm幅の材が製造できることや、異方性を軽減する合板ならではの特性を生かして床暖房に対応しやすいなど、優れた点が多い。また、厚さ2mm以上の突き板を表面単板に用いて、単層フローリングと見分けがつかない上質なものもある。

フローリング床の施工では、根太に直接張る場合、合板等の下張りの上に重ね張りとする場合、根太レスの構造用合板上に張る場合と、納まりによってフローリング材に求められる厚みが異なる。これに応えるため、幅30mm、厚さ8mm、長さ300mm程度の小さなものから、幅480mm、厚さ40mm、長さ4800mm程度の大き

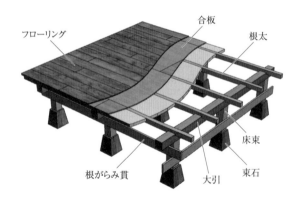

図3・59 根太のある床仕上げ

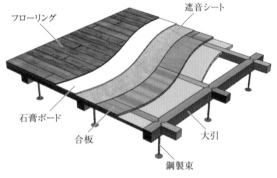

図3・60 根太レス構造用合板使用の床仕上げ

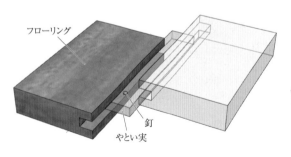

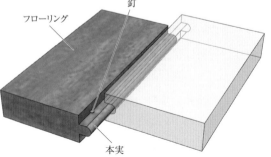

図3・61 床板の実加工（本実と雇実）

なものまで，多様なフローリングが製造されている。幅 60・75・90mm，長さ 1820mm，厚さ 15mm のものが一般的であるが，施工性を高めるためより広い幅 120〜150mm のタイプもよく使われる。厚板フローリングと呼ばれる厚さ 30〜40mm のフローリングの採用例も増えている。厚板フローリングは歩行感がよいだけでなく，踏み天井とすることで 1 階天井が 2 階床と同じフローリング材の仕上げになるなど意匠性も高い（図 3・62）。

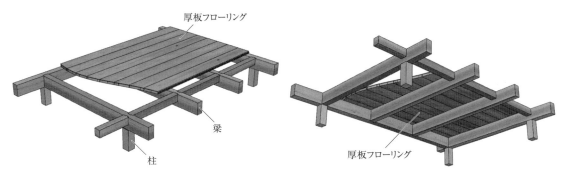

図 3・62　踏み天井（あらわし仕上げ）

畳

畳の厚さはもともと 60mm ほどである。近年，厚さ 30mm 程度の構造用合板が下地に使われることが多くなり，フローリング仕上げ面との段差をつけない（面一にする）ために厚さ 15mm 程度の薄畳が用いられるようになっている。15mm では畳本来の歩行感が失われるため，畳下地となる部分の構造用合板厚を 15mm ほど減じて 30mm 厚の薄畳で納めることもできる。

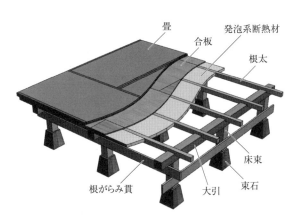

図 3・63　従来の畳床の納まり

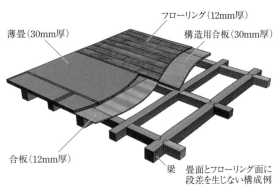

図 3・64　根太レス構法の畳床の納まり

3・6・2 内壁

壁には大きく分けて大壁と真壁の2種類の納まりがある。大壁では柱・梁・桁などが隠されるが真壁では露出するため、これらの壁下地の作り方に大きな違いがある。

大壁

壁厚を確保できるため、筋かいなどの要素を内部に納められ、近年では多用される。

柱と同寸幅で厚み30mm程度の間柱を450mmピッチで設ける。間柱端は単柄と大入れなどの仕口とする。簡易なものではこの上に板材やボードを張ってもよいが、仕上げ方法により、間柱に直交する方向に胴縁を設けてこの上に下地となるボード類を張る。

真壁

伝統的には柱に設けた貫穴に貫を通しくさびで締める納まりとし、下から地貫、胴貫（2か所）、内法貫、天井貫の5か所に入れる。この場合貫の間隔はおよそ600mmとなるが、合板類をはる場合は、納めるため胴縁などを足して450mm間隔となるようにする。

近年では簡略化が進み、細い間柱に貫を釘で打ち付ける納まりも多くなっている。

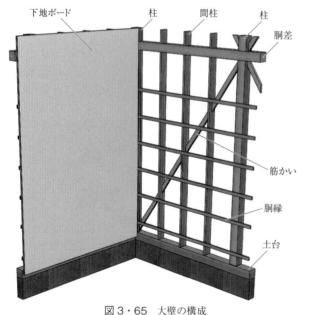

図3・65 大壁の構成

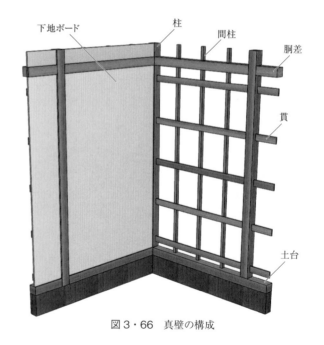

図3・66 真壁の構成

板張壁

壁仕上げの下地として，合板や石膏ボードなどが多用されている。ボード類は，胴縁上で継ぐように割り付け，釘やビスで固定する。ボードは突き付け継ぎとなっているので，目地処理をおこなった後，塗装するか壁紙を張って仕上げとする。

塗り壁

土，しっくい，プラスター，モルタルを塗り壁の仕上げとする。この場合の下地には，**小舞竹**を編んだものを貫に固定するもの，**木摺**とよばれる板を透かし張りにしたもの，下地用石膏ボードを貼り付けたものなどがある。周囲の木部に**ちりじゃくり**（図3・67）を設けて隙間を予防する。

羽目板張り

板の幅方向に板を継いで張ることを羽目板張りという。図3・68に示すとおり複数の継ぎ方があるが，経年変化により隙間が目立つこともあり，突き付け張りはあまり使われない。本実あるいは雇実張りの場合，釘が表に出てこないため内壁によく使われる。

出隅・入隅の納まり

出隅や入隅は意匠的な美しさや施工的な精度がともに重視される箇所で，適切な納まりを選択する。特に真壁の場合には，柱と壁の納まりがあらわしとなるので，柱材に小穴と呼ばれる溝を設けて壁下地の板端をはめ込むように納める。ちりじゃくりにより乾燥収縮による隙間の発生を予防する。

幅木

壁と床が接する箇所に見切り材として幅木を設ける。

幅木には意匠的な目的だけでなく，壁仕上げを保護する役割もある。

畳寄せと雑巾摺

真壁では，畳と壁の間に畳寄せを設けて隙間をなくす。また，板張り床では雑巾摺を設けて，壁の表面が傷むのを防ぐ。

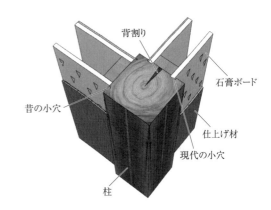

図3・67　ちりじゃくり

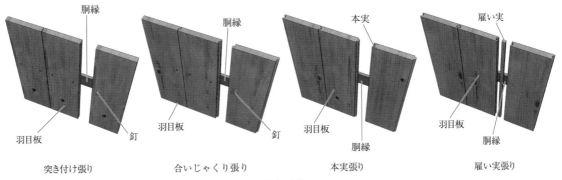

図3・68

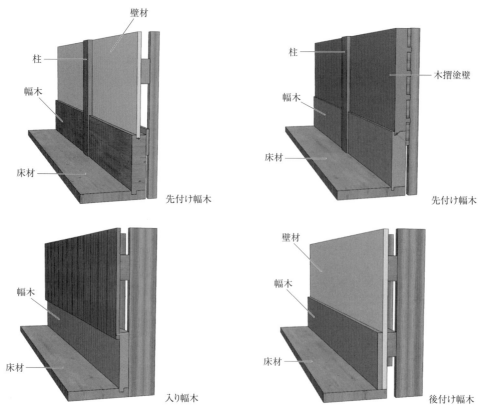

図3・69 幅木の納まり

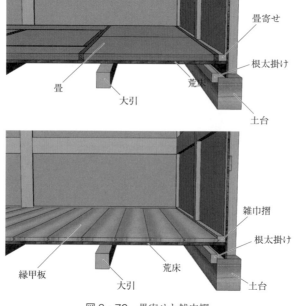

図3・70 畳寄せと雑巾摺

3・6・3 天井

天井の種類

代表的な天井の形状には，図3・71のような種類がある。

天井の構法

天井の構法には，以下のような種類がある。

格天井は格縁天井ともいい，寺院や書院建築の客殿などに用いられ重厚で荘厳な印象を与える。太い材を格子状にくみ上げ，正方形の格間に鏡板と呼ばれる板をはめ込む。

竿縁天井は格式にとらわれない和室に用いられ，小屋組，梁，根太などから吊木で野縁を吊り，野縁に竿縁を取り付けてその上に天井板をのせる。

目透し天井は，天井材の継ぎ目に目地を設けた意匠とし，和室だけでなく洋室にも用いられる。

打上げ天井は，主に洋室に用いられる形式で，天井材を野縁に直接打ち付ける。

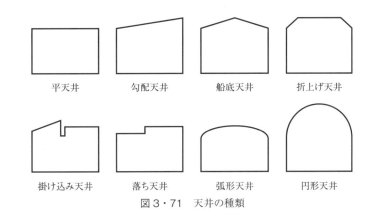

図3・71 天井の種類

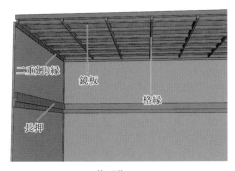

格天井

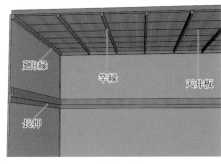

竿縁天井

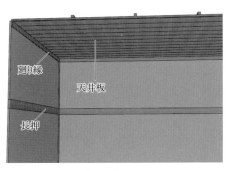

打上げ天井

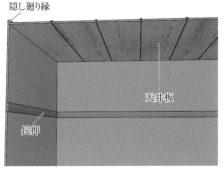

目透かし天井

図3・72 天井の納まり

天井の高さ

居室における最低限の**天井高さ**は，2.1mと建築基準法・施行令で定められている。部屋の面積によって天井高さが与える印象は異なるので，大きな部屋では天井を高くしたり，同じ広さでも洋室の場合は椅子座の関係から和室より天井を高くしたり，数寄屋風の和室では少し低めにするなど工夫する。

天井の下地材

吊木は上部の梁や桁などから野縁を吊るための材で，およそ900mm間隔で設ける。吊木を梁や桁に直接打ち付けないで，吊木受けを介することもある。吊木受けは構造体の振動を天井に伝えにくくする役割があるが，同じ目的で防振吊木が使われることもある。天井に設備などの重量物を吊る場合には，上部の構造材を適切に補強する必要がある。

野縁は，天井の仕上がりを左右する重要な下地材であり，不陸とならないように施工する。また，天井を水平に張ると，錯覚により下がって見えるため，天井中央部に意図的に起りを設けることによって視覚的に水平に見える天井とする。

竿縁天井では，竿縁の上に天井板を直交方向に載せる。竿縁の間隔は部屋の大きさに応じて調整する。目透かし天井では，目地を設けて天井板を継ぐが目地の取り方でいくつかの種類がある。意匠的に天井面がすっきりしているのが特徴である。

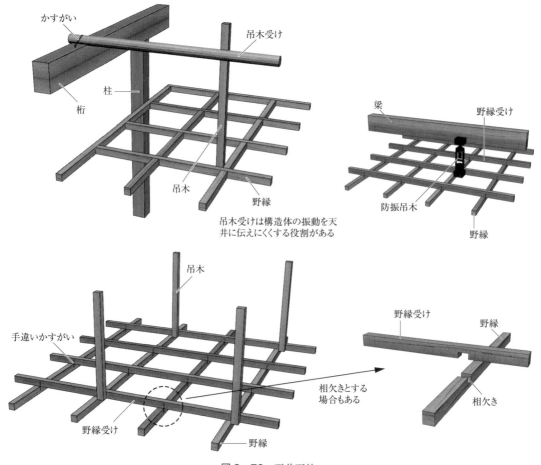

図3・73 天井下地

縁・見切り材の納まり

床と壁との取り合いに幅木を設けるように，天井と壁との取り合いにおいても，見切り材として**廻り縁**を設ける。特に和室においては，廻り縁は意匠的に重要な部材であり，格式の高い和室では廻り縁を二重とすることもある。また，廻り縁を見せず，目地で天井と壁を見切る納まりもある。

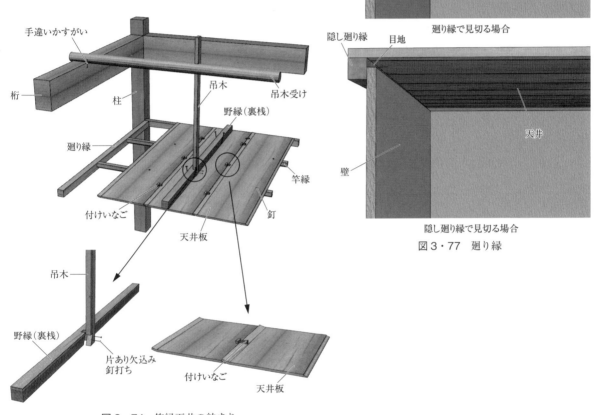

図3・74 竿縁天井の納まり

図3・77 廻り縁

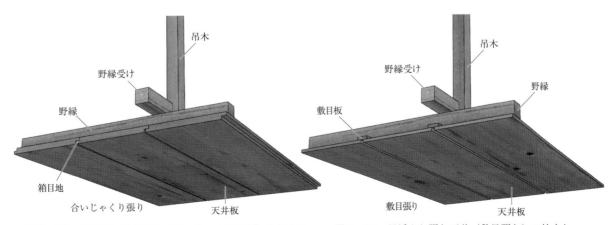

図3・75 目透かし張り天井（合いじゃくり張り）の納まり

図3・76 目透かし張り天井（敷目張り）の納まり

3・6・4 階段

階段

階段は上下階を連絡するための通路で、安全に移動できるように設計する必要がある。移動のしやすさは蹴上げと踏面の寸法の関係で決まる。木造住宅では、**蹴上げを7寸（210mm）以内、踏面を8寸（240mm）程度**とするのが一般的であるが、階段の設置に余裕のある計画の場合はさらに緩やかな勾配となるようにする。踏面の幅 T [cm] 蹴上高さ R [cm] について、2R+T の値が 55〜65 に収まるようにする基準が、住宅金融支援機構（旧住宅金融公庫）で定められている。

階段の有効幅

建築基準法・施行令23条では、**階段の有効幅は最も小さい場合でも750mm以上**とするように定められている。木造住宅の階段幅は3尺（910mm）グリッドの場合800mm程度が有効幅であり、手すりなどがつくとさらに有効幅は狭くなる。平成12年の法改正により、手すり幅100mmを限度として有効幅に算入しなくてよいとされているが、高齢化社会となった現在、手すりだけでなくリフトなどの取り付けもあらかじめ計画しておき、有効幅は1,000mm程度としておきたい。

踊り場

踊り場は長い階段の場合や中途で向きを変える場合に設けられる平坦な床である。建築基準法・施行令24条では、階段の高さが4mを超えるときに踊り場を設けることを規定しているが、それ以下であっても、段数でおよそ16段以上となる場合には踊り場を設けたほうがよい。また、折り返し階段などでは、大型の家具などの運搬時の回転範囲も考慮して踊り場の幅を検討する必要がある。

天井高

階段室に上階の床がかぶるような場合、頭上の余裕（ヘッドクリアランス）を十分に取る必要がある。

階段の種類

階段の構法にはさまざまな種類があるが、木造住宅では側桁階段、ささら桁階段、力桁階段が主である。これらの階段から蹴込み板を省いて透かしとすることもある。

側桁階段は、段板の両端を桁に差し込んだもので、最も一般的に用いられる。

ささら桁階段は、段板を下から桁で支える納まりで、桁の形がささら状に刻まれていることからこの名で呼ばれる。側桁を見せない意匠とする場合に用いられる。

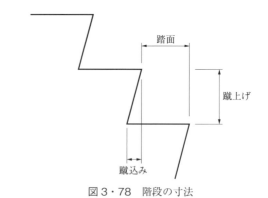

図3・78 階段の寸法

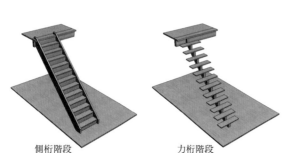
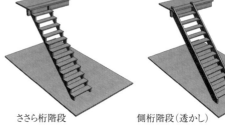

図3・79 階段の種類

力桁階段は，段板を下から支えるところはささら桁と似ているが，梁のように太い桁材を用いる納まりである。力桁のみで段板を支持することは少なく，段板の一方を壁面で固定する納まりが多く用いられる。

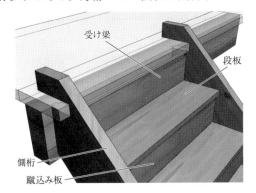

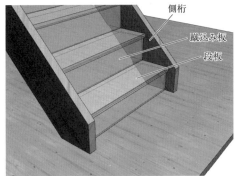

図3・80 側桁階段

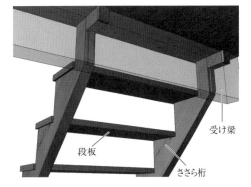

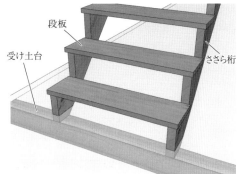

図3・82 ささら桁階段

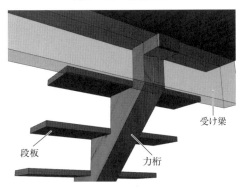

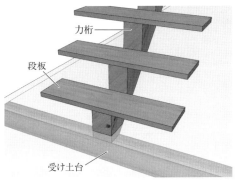

図3・81 力桁階段

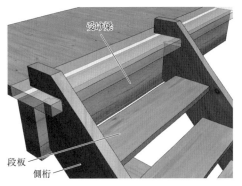

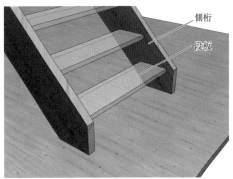

図3・83 透かし階段

3・6・5 開口部

建物には人の出入りのためや採光，換気のために開口部を設ける。開口部には扉や窓などを付けるが，これらの多くは工場でつくられた部品として流通しており，これらを据え付けるための戸枠，窓枠を軸組に設ける。外部に面した開口部では，雨水の浸入に配慮が必要であるが，近年，省エネルギー性能を高めるために気密性にも注意を払うようになっている。

建具の開閉形式

建具には用途などに対応して，さまざまな**開閉形式**がある。図3・84に開口部の開閉方式と図面での記号をまとめる。

アルミサッシの納まり

窓用の建具には，金属製，プラスチック製，木製あるいはそれらが複合されたものなど，多くの種類がある。

住宅の場合，アルミ製建具が広く普及しており図3・85は真壁の場合の納まり，図3・86は大壁の場合の納まりを例示している。いずれの場合も，柱と間柱を用いて上下の枠材を支えて枠とし，この枠に建具をはめ込むように据え付ける。外壁側では防水処理を丁寧に行い，室内側では額縁などでサッシ枠を隠して見た目を整える。

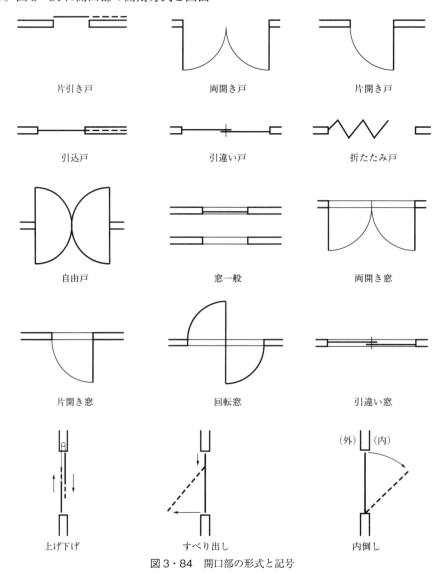

図3・84　開口部の形式と記号

3・6 内装構法 83

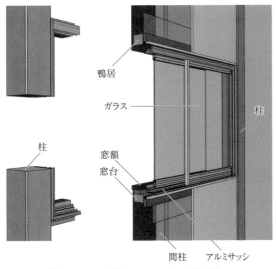

図3・85 真壁のアルミサッシ納まり

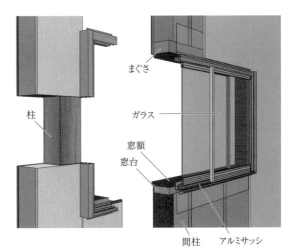

図3・86 大壁のアルミサッシ納まり

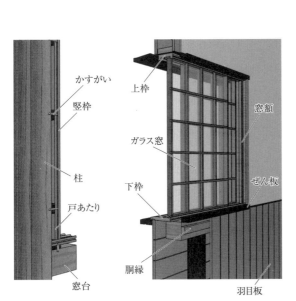

図3・87 伝統的な大壁の窓

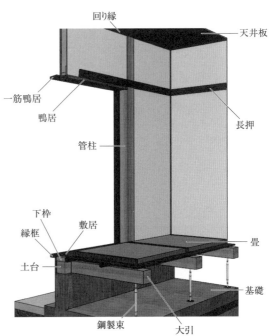

図3・88 掃き出し窓（雨戸付き）

伝統的な開口部の納まり

真壁造りとする場合，建物の意匠を損なわないために，伝統的な開口部の造作とする場合がある。柱を建具の戸あたりとし，上下に**鴨居**，**敷居**を取り付ける。

欄間

天井と鴨居の間にある光や風を取り入れるためと装飾を目的とした開口部を**欄間**という。

設置場所や用途により，間仕切り欄間，明かり欄間，縁側欄間，書院欄間などがある。

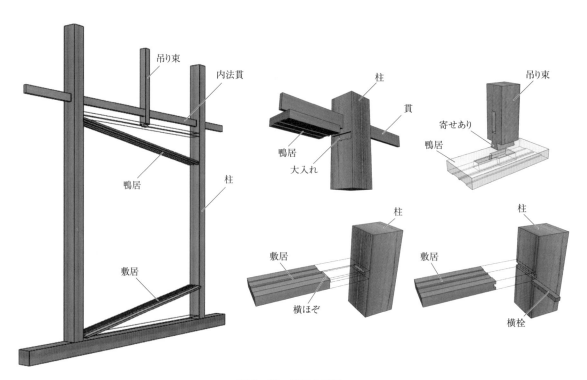

図3・89 鴨居と敷居

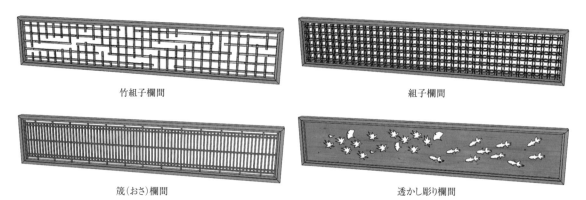

図3・90 欄間の納まりと意匠

床の間

伝統的な和風建築の座敷で，絵画や観賞用の置物などを展示する場所として床が設けられることが多い。床柱，落と掛け，違い棚など独特の意匠となる。

格式高い床の間では，桧の正角大面取りを床柱とするが，数寄屋造りの影響で，節付き丸木などの銘木も用いられる。

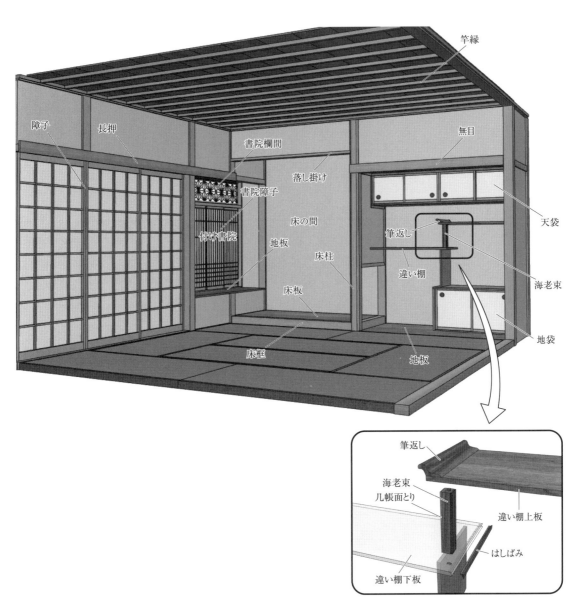

図3・91　床の間

第 4 章

木造 II　その他の木造構法

 4・1　ツーバイフォー構法 ……………88
 4・2　丸太組構法・その他 ……………93

　本章では，在来軸組構法以外に木造建築で用いられている躯体構法として，ツーバイフォー構法と丸太組構法を中心に学習する。要点は次のとおりである。

(1)　ツーバーフォー構法は北米発祥の構法であり，壁式構法に分類されるが，日本でも一般的に用いられており，規格化された断面寸法の木材と構造用合板，釘を多用する。在来軸組構法とは異なる点が少なからずみられる。

(2)　丸太組構法は世界各地に古くからある構法だが，他の木造構法とは異なり，木材を寝かせて積み上げる組積造の一種であり，木材間の隙間の埋め方，壁同士の接合部，開口のつくり方などに工夫が必要である。

4・1 ツーバイフォー構法

4・1・1 概　要

ツーバイフォー構法は，19世紀北米の西部開拓時代に発展した構法である。材料には，少ない種類に標準化された断面寸法規格による木材「ディメンショナル・ランバー」（以下ランバー）と呼ばれる枠材と，合板等が用いられる。ランバーによって枠組みを作り，そこに構造用合板等を釘打ちしてパネルとし，それを組み合わせて床・壁等を構成する。ランバーは元々インチ単位の寸法体系となっており，2インチ×4インチが代表的な断面寸法である。

北米におけるツーバイフォー構法は，**バルーンフレーム構法**と**プラットフォーム構法**に分けられる。

図4・1　バルーンフレーム構法

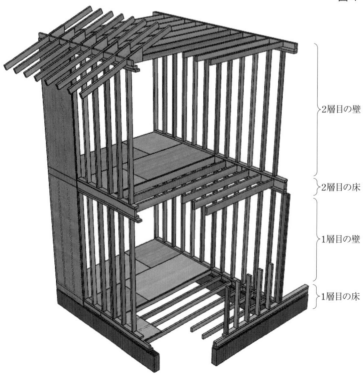

図4・2　プラットフォーム構法

2つの構法の内，バルーンフレーム構法は比較的古い構法である．図4・1のように，2階建てにおいて垂直材を2層分通して設け，屋根を先に作り，後から2階の床を設置する構法である．また，現在普及しているプラットフォーム構法は，図4・2のように，垂直材はすべて1層分で，1層目の壁の上部に，剛の床組を設け，その上部に2層目の壁を設置する構法である．

　この北米のツーバイフォー構法に，日本の耐震，防火に関する基準や，施工条件に合うような変更が加えられ，1974年に建築基準法の関連告示に「**枠組壁工法**」の技術基準として示された．これを機に，日本国内での本格的な普及が始まった．

　在来木造が軸組構造であるのに対し，枠組壁工法はランバーと構造用合板等で造られた壁体による壁構造であることが大きな違いである．在来構法に比べ構造部材の種類が少ないこと，接合部が単純で釘・金物を多用することが特徴としてあげられる．所要工数も少なくて済み，高度な熟練を必要としない．作業環境の面では，軸組構法と異なり，壁の建方に先立って床を組むため，壁の製作作業等を床の上で行えるという利点がある．

　日本への導入後も，技術開発が進められ，当初は2階建てのみであったのが，現在では**耐火構造**^{※1} とすることで4階建てや住宅以外の用途の建築も可能となってきている．

　特長として，構造用合板などで覆われるため気密性が高く断熱性の確保が比較的容易であることがあげられる．火災時には壁の枠材と床の枠材が壁体内の延焼を防ぐ材（**ファイヤーストップ**）として機能するため，上階へ燃え広がりにくいとされている．ただし，床板の内部に空間ができ，太鼓状になっているため上下階の遮音が弱点となる．対策としては下階の天井を吊り天井とするなどの方法がある．

4・1・2　材　料

　ランバーは，**日本農林規格（JAS）**で，寸法規格が定められている（表4・1）．例えば「ツーバイフォー材」は，厚さ38mm，幅89mmの材である．元々の2インチ（約50.8mm），4インチ（約101.6mm）であったものから約1/2インチほど小さい寸法が北米の現在の規格となっており，それを導入したものがこのJAS規格である．材の長さは，フィートをメートルに換算したものが販売されている（1フィート＝約304.8mm）．

　面材として使われる合板は，幅910mm×長さ2430mm，1220×2430mm等がある．釘や金物も，ツーバイフォー専用のものが用いられる．特に現場で使用される釘は，使用場所を間違えないように色分けされている．

表4・1　枠組壁工法構造用製材の寸法規格

寸法型式	読み方	厚さ(mm)	幅(mm)
104	ワンバイフォー	19	89
106	ワンバイシックス	19	140
203	ツーバイスリー	38	64
204	ツーバイフォー	38	89
205	ツーバイファイブ	38	114
206	ツーバイシックス	38	140
208	ツーバイエイト	38	184
210	ツーバイテン	38	235
212	ツーバイトウェルブ	38	286
304	スリーバイフォー	64	89
306	スリーバイシックス	64	140
404	フォーバイフォー	89	89
406	フォーバイシックス	89	140
408	フォーバイエイト	89	184

［注］乾燥材（含水率が19％以下のもの）の規定寸法．
出典：枠組壁工法構造用製材の日本農林規格（表中「読み方」は，日本ツーバイフォーランバーJAS協議会ウェブサイトによる．）

※1　壁，柱，床その他の建築物の部分の構造のうち，耐火性能に関して政令で定める技術的基準に適合する構造

4・1・3 躯体構法

基礎の構法は在来構法と同様である。土台は，枠組壁工法の導入初期には北米のプラットフォーム構法と同様にランバーの枠組みと合板で作っていたが，現在の主流は土台に404材を用いる方法である（図4・3）。これは在来構法と類似の構法ということができる。この土台の上にランバーで枠を作り，構造用合板などを釘打ちすることで，床を設ける。

ツーバイフォー構法の壁は，ランバーの枠組み（図4・4）に構造用合板等を打ち付け，パネル状にしたものである。ランバーによる枠組みの組立作業は，先行して作られた床の上で行われる。寝かせた状態で組み上げられた壁を，適切な位置で建て起こす（図4・5）。2階建てとする場合は，1階の壁の上部に床組を組むこととなる。

そして，隣り合う壁パネルの上部は，頭つなぎと呼ばれる横材で相互に接合される。断熱材はランバーの枠組みの間に入れられる。このほか，窓

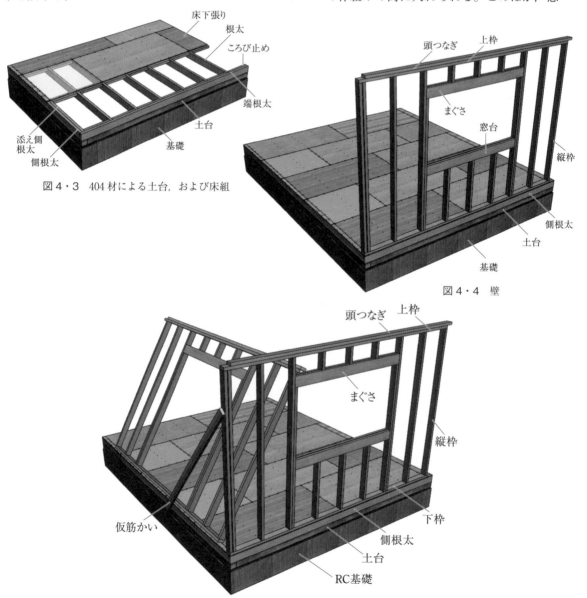

図4・3　404材による土台，および床組

図4・4　壁

図4・5　壁の建て起こし

を設ける場合は，窓の下部に窓台，窓の上部にまぐさを設ける。まぐさの大きさは，開口の大きさや上部に係る荷重などの条件により決める。

ツーバイフォー構法は壁式構造のため，壁の量が確保されるうえで，開口の大きさや面積にある程度の制限がある。

小屋組（図4・6）は，屋根梁（棟木に相当する）を設け，その上から垂木を掛ける屋根梁方式と，棟木を両側から挟むように垂木を取り付ける垂木方式がある。このほか，梁間方向が長い場合は，単に垂木を掛けるのではなく，地組みしたトラスを並べ，頂部を転び止め（棟木板）でつなぐトラス方式（図4・7）としたり，在来構法の小屋組を用いる場合もある。

屋根面にも合板を打ちつけるのが一般的だが，断熱材を芯材とした木製のサンドイッチパネルを用いる方法などもある。

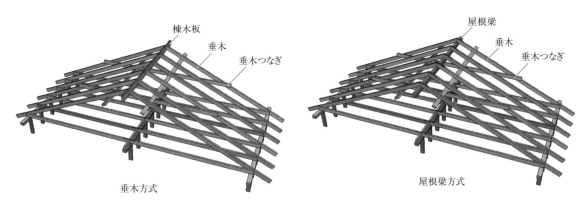

図4・6 小屋組（垂木方式，屋根梁方式）

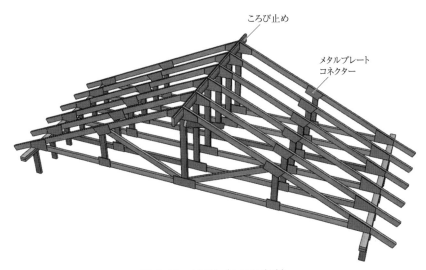

図4・7 小屋組（トラス方式）

ランバーと合板など，及び各部位の接合には釘を使用するが，それに加えて補強金物を多用する。例えば，壁上部と根太，土台と壁の接合には，図4・8，4・9の様に金物が使用される。なお，現在では，工場である程度パネル化したものを現場まで搬送して組み立てる方法がとられることもある。

4・1・4　内外装の構法

ツーバイフォー構法の内外装構法は在来軸組構造と同様であるが，もともと北米の構法であったことから洋風の仕上げとする場合が多い。屋根は，洋風瓦，住宅屋根用化粧スレート等が用いられることが多く，外周壁にはサイディング，ラスモルタルが用いられることが多い。

内装には構造用合板を用いず，枠に直接石膏ボードをビス留めし，ビニールクロス仕上げとする場合が多いが，漆喰や珪藻土仕上げ等の左官仕上げも用いられることがある。

石膏ボードの目地部分は，隙間があると防火，遮音，断熱の弱点となるため，丁寧な処理が必要である。米国では，テーパー付きの石膏ボードを用い，ジョイントセメントや目地テープを用いてボード表面を一体化させる方法が一般的であり，これを**ドライウォール工法**という。

図4・8　垂木と壁の接合

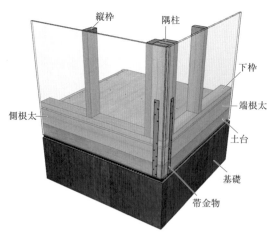

図4・9　土台と壁の接合

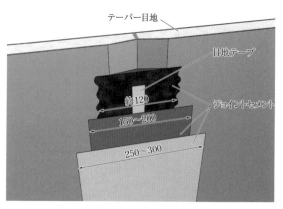

図4・10　ドライウォール工法の例

4・2 丸太組構法，その他

4・2・1 材料と躯体構法

丸太組構法は，一般的には**ログハウス**や**校倉造り**と称され，正倉院（図4・11）に代表されるように古くから用いられている構法である。現在では，主に戸建住宅などの小規模な建物の構法として用いられている。使用する樹種は針葉樹がほとんどで，形状は樹皮を剥いだ丸太材（丸ログ），もしくは角材（角ログ）を用いる。それを井桁状に組み上げることで壁を構成する（図4・12）。材同士の交差部分には切り欠きを設け，材の間に隙間ができないようにしている。このような嵌合方法を「**井楼組み**（せいろうぐみ）」という（図4・13）。材料を積み上げて構造体を形成している点では，石造や煉瓦造の組積造と類似の構法と捉えることもできる。

現在，丸太組構法を用いる場合は，丸太材などの交差部には原則として最上部から基礎までを貫く通しボルトを設ける必要がある。また，竣工以降，丸太材等の乾燥収縮や自重による収縮によって，壁高さが徐々に低くなる現象が起こる。その分，通しボルトの締め直しが必要となる。また，

図4・11　正倉院・正倉

図4・12　丸太組構法（丸太材）の例

サッシやドアは，この収縮に対応できるよう，予めクリアランスを設けるなどの対策が施されている。

丸太組構法の屋根は勾配が大きく，小屋組をトラス構造とするものが多い。和小屋を用いる場合でも，急勾配とするために登り梁を用いることが多い。屋根葺き材は，住宅屋根用化粧スレートのほか，アスファルトシングル，洋瓦が用いられることがある。

壁は外周壁・内壁とも，基本的には素地あらわし仕上げとする。

図 4・13　井楼組みの例

(1) シングルポストトラス　(2) Wトラス（フィンクトラス）　(3) キングポストトラス　(4) クィーンポストトラス

(5) A型トラス　(6) カラータイトトラス　(7) タイビームトラス　(8) クラックトラス

(9) 和小屋その①　(10) 和小屋その②　(11) 腰折れ小屋（マンサード）　(12) ドーム型トラス（集成材または鉄骨）

図 4・14　丸太組構法の小屋組の例

4・2・2 大断面集成材構法, その他

大断面の集成材を用い, 主に大空間を構成するための構法を, **大断面集成材構法**という。接合部は, ボルト或いは金物によって補強されている (図4・15〜4・17)。

建物規模は, 体育館程度のものからドームまで様々である。主に, 木材の産地で, 地場産材の有効利用の観点から発達してきた。近年は学校などの公共建築への利用も多く見られる。

大スパン架構でアーチ構造としたり, 一定の大きさの部材を組み合わせたトラス構造などによって, 木材を見せる大空間をつくることができる。

そのほかの特殊な構造として, 丸太材を用いた立体トラス構造などもある。

図4・15 大断面集成材構法の例
(太陽の郷スポーツガーデン)

図4・16 大断面集成材構法の例
(滋賀県立びわ湖こどもの国)

図4・17 大断面集成材構法によるドームの例
(大館樹海ドーム)

図4・18 丸太を用いた構法の例
(彩の国ふれあいの森 宿泊棟)

第5章

鉄骨造の構法

5・1 鋼材 …………………………… 98
5・2 躯体構法 ………………………… 101
5・3 屋根の構法 ……………………… 108
5・4 外周壁の構法 …………………… 111
5・5 開口部とグレージング ………… 116
5・6 内装構法 ………………………… 122

　本章では，木造とともに日本で最も一般的に用いられている鉄骨造建築の構法の原理と各部を中心に学習する。要点は次のとおりである。

(1)　鉄骨造建築に用いられる鋼材は強度に優れ，工業化された構造材料として19世紀から用いられ，20世紀には大空間や建築の高層化に寄与してきたが，現在では小規模，中規模の建築にもよく用いられており，両方向ラーメン構造，一方向ラーメン一方向ブレース構造をはじめ，いくつかの軸組構法がみられる。

(2)　鉄骨造建築の屋根には大きく分けて陸屋根と勾配屋根があるが，それぞれに各種の仕上げ材料が選択可能であり，材料に応じて標準的な構法が異なる。

(3)　鉄骨造建築の躯体は通常，軸組構法なので，外周壁は建物の荷重を負担しない非耐力壁となるのが一般的で，アルミ，コンクリート，ガラス等多様な材料が選択可能だが，軸組との接合部，外周壁構成部材相互の接合部などにはそれぞれに相応しい性能実現の構法が考えられている。

(4)　内装では，床，壁，天井に求められる性能と機能が異なっているが，それぞれに今日要求される性能と機能を実現する一般的な構法が複数考えられている。

5・1 鋼　　材

5・1・1　鋼材の歴史

　人と鉄との関わりは，古くは鉄器時代にまでさかのぼるが，建造物の構造体に用いられるようになったのは比較的新しい。純粋な鉄は不安定なため，通常は酸化鉄のかたちで鉄鉱石などの中に存在する。これをコークスと共に高温の炉（高炉）に入れて溶融・還元してつくられる**銑鉄**は，炭素量が多いため硬くもろいが，これを鋳物として用い，構造物への利用が始まった。コールブルックデール橋は，鋳鉄によりつくられた，現存する世界最古の鉄橋である（図5・1）。また，銑鉄を脱炭（炭素を除去）して得られる錬鉄は，粘りがあり加工が容易なことから建築物への採用が進んだ。クリスタルパレスの構造体にも用いられている（図5・2）。

　1856年，ヘンリー・ベッセマーにより銑鉄から効率的に炭素を除去する底吹き転炉法が発明されると，炭素含有量が銑鉄と錬鉄の中間で適度な堅さと靱性をもつ**鋼鉄**の大量生産が可能になった。鋼鉄を用いた**圧延材**は，それまでの錬鉄に代わり，鉄骨造の主役となり今日に至っている。

図5・1　コールブルックデール橋（英1779）

図5・2　クリスタルパレス（英1851）

5・1・2　鋼材の性質

　建築で主に用いられる鋼材の性質は，表5・1の通りである。鋼材は断面積当たりの強度が非常に大きく，工場生産品であるために精度や品質にも優れる。わが国の新設着工建築物において，鉄骨造は，特に非住宅の分野で他の追随を許さない。

　ただし，鋼材は温度上昇により引張り強さや降伏強度が低下し，約500℃で常温の半分程度になるため，構造体に用いる際には耐火被覆などが必要になる。また，空気中では容易に錆びるため，塗装などによる防錆も不可欠である。

表5・1　建築構造用圧延鋼材の物理的性質
（JIS G3126による）

材料記号	降伏点または耐力　N/mm²				引張強さ N/mm²
	鋼材の厚さ(mm)				
	6以上 12未満	12以上 16未満	16	16を超え 40以下	40を超え 100以下	
SN400A	235以上				215以上	
SN400B	235以上	235以上355以下			215以上 335以下	400以上 510以下
SN400C	該当なし	235以上355以下			215以上 335以下	
SN490B	325以上	325以上445以下			295以上 415以下	490以上 610以下
SN490C	該当なし	325以上445以下			295以上 415以下	

5・1・3 鋼材の種類

今日の建築の構造に用いる鋼材のほとんどは**圧延材**によりできている。鋼片（鋼材の固まり）を加熱し，ロール成形法により圧延して鋼板（厚板・薄板）や形鋼（重量形鋼）などがつくられる。

形鋼は規格化された断面をもつ鋼材製品で様々な形状があるが（図5・3），代表的なものに**H形鋼**がある。曲げ応力に対しては**フランジ**が，せん断応力に対しては**ウェブ**が効果的に働くため，柱や梁に多く用いられる。これは多段の水平・垂直のロールからなる圧延機に加熱した鋼片を通して成形される（図5・4）。我が国で製造されるようになったのは1960年代に入ってからで，それまでは溶接により組み立てられていた。現在も，規格にない断面のH形鋼は溶接でつくられる。

鋼管は，厚板をさらに成形・溶接してつくられる（図5・5）。大型の**角形鋼管**が国内で製造されるようになったのは1970年代に入ってからで，主にラーメン構造の柱として用いられている。

薄板を常温下で折り曲げる冷間成形法によってつくられる形鋼を**軽量形鋼**という（図5・6）。同程度のサイズの重量形鋼と比べて断面性能が高く，外形寸法の割に，小さい断面積で効率的な構造をつくることができる。ただし，局部座屈に弱く，断面欠損や錆びの影響を強く受けるため注意が必要である。

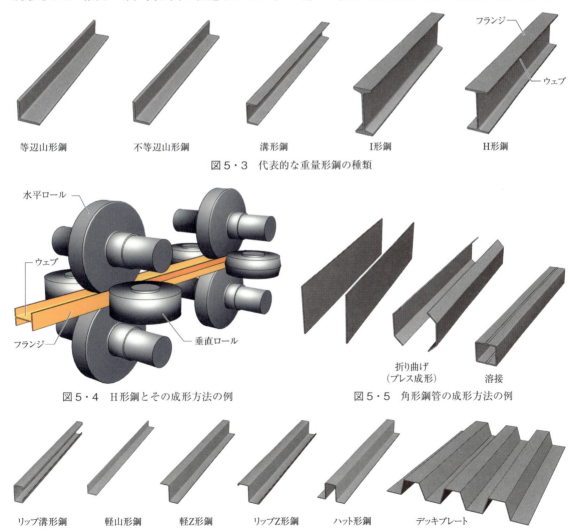

図5・3　代表的な重量形鋼の種類（等辺山形鋼，不等辺山形鋼，溝形鋼，I形鋼，H形鋼）

図5・4　H形鋼とその成形方法の例

図5・5　角形鋼管の成形方法の例

図5・6　代表的な軽量形鋼の種類（リップ溝形鋼，軽山形鋼，軽Z形鋼，リップZ形鋼，ハット形鋼，デッキプレート）

5・1・4 鋼材の接合方法

鋼材の溶接は，主に**アーク溶接**が用いられる。アーク放電現象の際の熱により，母材および溶接棒の金属を分子レベルで一体化させるもので，主なものに**突き合わせ溶接**と**隅肉溶接**がある（図5・7）。突き合わせ溶接は，接合部分に開先加工を施して接合される面全体を一体化するため，溶接部分の強度は母材と同等とみなせるが，端部にはエンドタブ，交差部にはスカラップを設けるなど多くの手間がかかる（図5・8）。一方，隅肉溶接は接合面ではなく，その脇を溶接するため，突き合わせ溶接より簡単だが，強度はやや劣る。

ボルト接合には，**普通ボルト接合**と**高力ボルト接合**がある。普通ボルト接合は，鋼材の穴端にボルトの軸が当たって力が伝達されるが，高力ボルト接合は，高張力で鋼材が締め付けられる際の摩擦力で力を伝達し，接合部の耐力を大きくできるため，一定規模以上の鉄骨造の主要構造部には，一般に高力ボルト接合が用いられる（図5・9）。

リベット接合は，ボルトの代わりに挿入したリベット（高温に熱しておく）の反対側をリベッターでかしめる接合方法で，軸の両側が丸頭になるのが特徴である。施工時の騒音・火災などの問題があり，現在は使われていない（図5・10）。

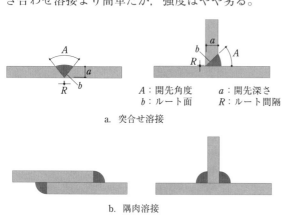

図5・7 突き合わせ溶接と隅肉溶接

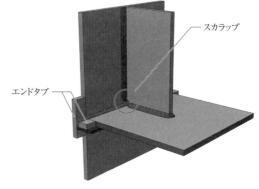

図5・8 エンドタブとスカラップ

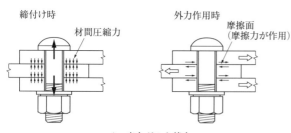

図5・9 高力ボルト接合

高温で軟化させたリベットを挿入

リベットハンマーで丸頭にかしめる

図5・10 リベット接合

5・2 躯体構法

5・2・1 ラーメン構造

鉄骨造で純ラーメン構造とする場合，柱には一般に角形鋼管や丸形鋼管などが用いられる（図5・11）。H形鋼などと違い，断面の方向による構造特性の違い（強軸・弱軸）が無いため，ブレースの無い自由な架構を実現しやすい。

床は，**デッキプレート**の上にコンクリートを打設して一体のスラブを構成するのが一般的で，スタッドボルトはコンクリートに埋め込まれることにより，梁と床スラブを構造的に一体化させるためのものである。なお，デッキプレート床の代わりに，PCa版やALCパネルが用いられることもある。

鉄骨ラーメン構造の柱梁接合部では，梁と柱を直に接合するのが施工上困難なため，柱から出された**ブラケット**とH形鋼の梁を，**スプライスプレート**ではさんでボルト接合し，剛接合とするのが一般的である（図5・12）。梁からブラケットへ，ブラケットから**ダイアフラム**へと曲げモーメ

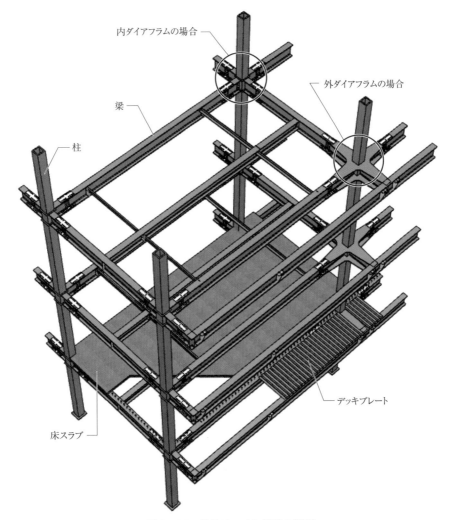

図5・11 鉄骨ラーメン構造の概要

ントが伝達される。ダイアフラムとはブラケットと柱を接合するプレートのことで、一般的には柱の内部を貫通している。

鉄骨の柱脚部では、柱のベースプレートを基礎に埋め込まれたアンカーボルトで緊結する。柱脚部には鉄筋コンクリートを被せ、固定柱脚（剛接合）とすることが多く、これを**根巻きコンクリート**という（図5・13）。柱脚部を露出する場合は一般にピン接合となるが、特殊なベースプレートを用いて剛接合とするものもある。

なお、鉄骨躯体を耐火構造とする場合には、柱・梁などを**耐火被覆**する必要がある。モルタルにロックウールを混ぜたものを一定の厚さに吹き付けるのが一般的で（図5・14）、かつてはアスベストを混入していた。鉄骨をボードやフェルト状の耐火材で覆う方法もある。

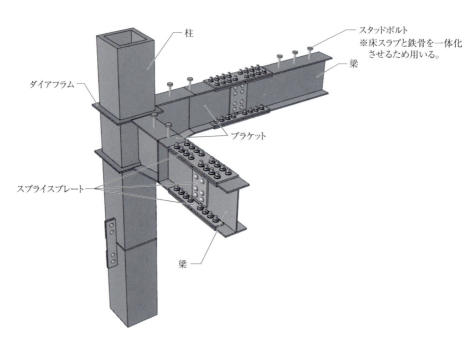

図5・12　ラーメン構造の柱梁接合部

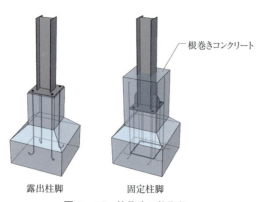

図5・13　鉄骨造の柱脚部

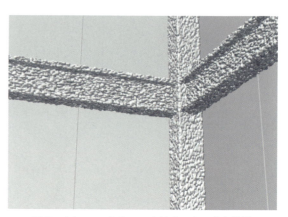

図5・14　ロックウール吹付けによる耐火被覆

5・2・2 一方向ラーメン・一方向ブレース構造

鋼管の代わりにH形鋼を柱に用いた場合，強軸方向をラーメン架構に，弱軸方向をピン・ブレース架構にするのが一般的であり，これらを**一方向ラーメン・一方向ブレース構造**という（図5・15）。

ラーメン構造と比べて柱梁接合部の加工が単純で鋼材量も少なくて済むが（図5・16），ブレースにより開口部やプランの自由度が制限される。

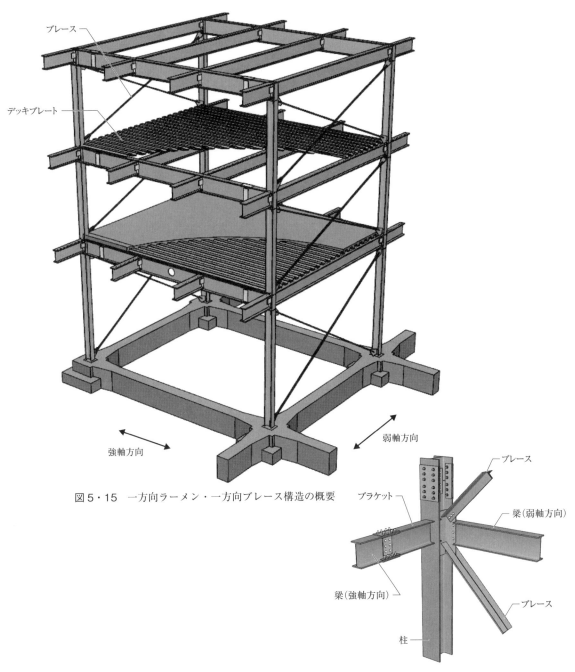

図5・15　一方向ラーメン・一方向ブレース構造の概要

図5・16　一方向ラーメン・一方向ブレース構造の柱梁接合部

5・2・3　山形ラーメン構造・トラス構造・スペースフレーム構造

一方向ラーメン・一方向ブレース構造のうち，ラーメン方向を「くの字」の部材を合わせた山形ラーメンで構成にしたものを**山形ラーメン構造**という（図5・17）。

大スパンの空間を比較的容易に実現できるが，複雑な平面形には向かないため，工場や倉庫，体育館などで用いられることが多い。

トラス構造には，平面トラス構造と立体トラス構造がある。**平面トラス構造**は一般に，H形鋼などが軽量形鋼の組み合わせによるトラスに置き換わったものといえる（図5・18）。構造体の重量を軽くすることができるが，部材の加工や接合に手間がかかるため，最近では用いられることが少ない。

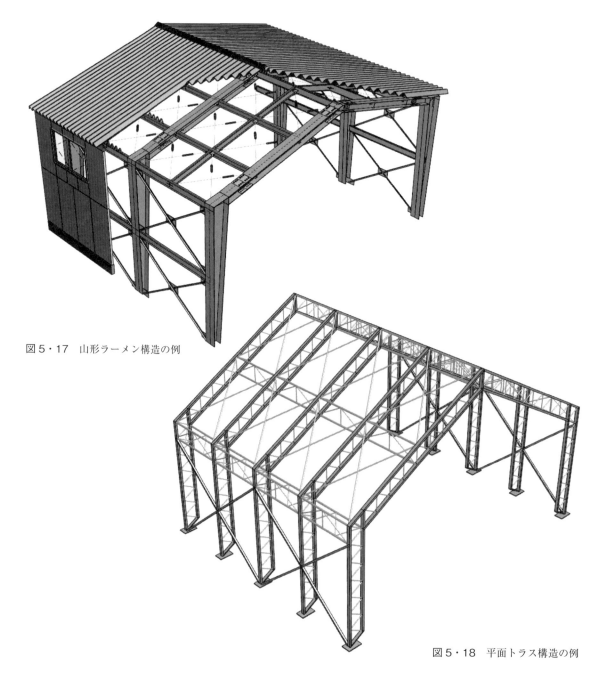

図5・17　山形ラーメン構造の例

図5・18　平面トラス構造の例

一方，**立体トラス構造**は**スペースフレーム構造**ともいい，立体的に構成されたトラスにより，屋根や壁などの骨組みと構造体を一体的に構成することができる（図5・19）。様々な形態が可能で，個々の部材が細く軽量で透過性の高い構造が実現できるため，大空間の屋根部分に用いられることも少なくない。ただし，1つの節点に多くの部材が集まるため，接合部に工夫が必要になる。ボール状のジョイントが一般的で，汎用製品も存在する（図5・20）。

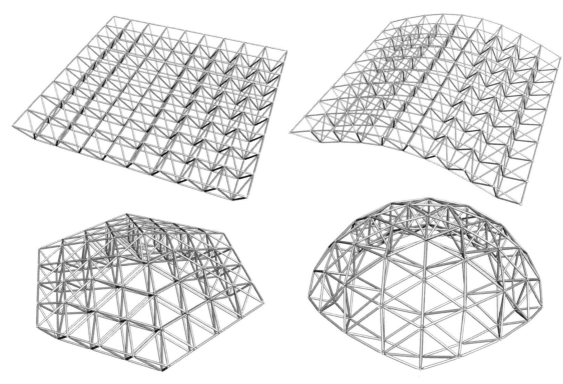

図5・19　立体トラス構造の例

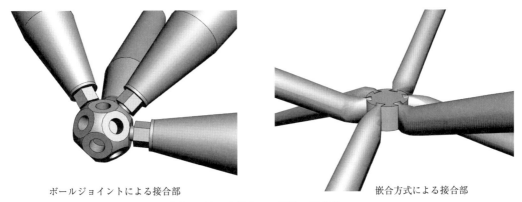

ボールジョイントによる接合部　　　　　　　　　　嵌合方式による接合部

図5・20　立体トラス構造の接合部

5・2・4 鋼管構造

鋼管で主要な構造躯体を構成するものを**鋼管構造**という（図5・21）。断面が単純なため曲線など自由な形状に適し，意匠性に優れるが，接合部の多くは溶接接合になるため，加工技術を要する。

5・2・5 張弦梁構造

弓（曲げ材）と弦（引張り材）を組み合わせれば，小さな断面で大きな力に抵抗できる。これを利用したのが**張弦梁構造**である。湾曲させたアーチ梁の両端をケーブルでつなぎ，中間に束を入れることで，トラスを形成する。部材断面が小さいため，意匠性に優れる。大空間の屋根構造に用いられることが多い（図5・22）。

図5・21 鋼管構造の例
（関西国際空港）

図5・22 張弦梁構造の例
（東京国際空港）

5・2・6 軽量鉄骨構造

軽量形鋼などで主要構造を構成する**軽量鉄骨構造**は，構造体の自重を軽くすることや，使用鋼材量を少なくする効果があるが，細かい部材の組み立てに手間がかかるため，小屋組などで部分的に使用されることを除けば，今日，一般建築の躯体構造としてはあまり使われることはなくなった。ただし，**工業化住宅**や仮設建築などのプレファブ建築には，現在も数多く利用されている（図5・23）。

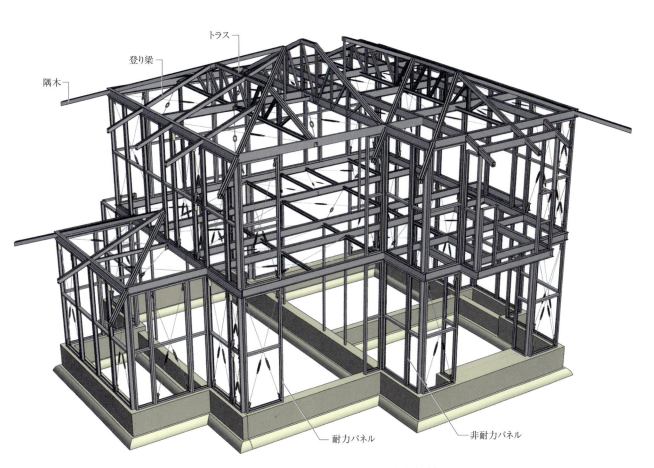

図5・23　軽量鉄骨構造の例（鉄鋼系工業化住宅）

5・3 屋根の構法

5・3・1 鉄骨造の屋根構法

鉄骨造の屋根は，勾配屋根と陸屋根に大別できる。

勾配屋根については，野地板を張って屋根材を葺く場合（瓦葺き，シングル葺き，金属板一文字葺き，瓦棒葺き等）は，木造の屋根に準じる（p.66）。ただし，鉄骨造は木造に比べて一般に階数やスパン（梁間）が大きく，屋根面の位置が高くなることが少なくない。これらの場合は，風圧力（特に負圧）が大きくなるため，屋根材の剥離などに注意する必要がある。一方，鉄骨造に特有な勾配屋根の構法として，野地板を張らない折板屋根や波板屋根などがあり，折板屋根は工場や倉庫などをはじめ，展示会場など大スパンの建物などで広く用いられる。

陸屋根の防水構法については，多くは鉄筋コンクリート造と共通するが，パラペット部分の構成がやや異なる（p.110）。

5・3・2 折板屋根

鉄骨の母屋に直接葺くことができる**折板屋根**は，構成が単純な上，屋根荷重を小さくできるなどの長所があるため，大スパンの建物に適し，工場や倉庫などでは最も一般的な屋根構法である。

湾曲屋根にも適用可能である。

折板屋根には，重ね方式，はぜ方式，嵌合方式がある。重ね方式は他の2つに比べて最も単純だが，ボルトが外部に露出する（図5・24）。

いずれにせよ，長尺の金属板であるため温度による伸縮が激しく，これを考慮して留め付ける必要がある。また，屋根面からの熱の出入りも大きいため，室内環境への影響を小さくするための工夫が必要になる。具体的には，次のようなものが考えられる。

①天井の設置（小屋裏換気など）
②屋根部分の断熱化（二重葺き，断熱材貼付けなど）
③屋根表面の遮熱（高反射塗料など）

このうち二重葺きは，2つの折板の間に断熱材を挟み込む構法で，簡便なことから採用例が多いが，外側と内側の折板の熱膨張の差などによる音鳴りが発生しやすく，注意が必要である（図5・25）。

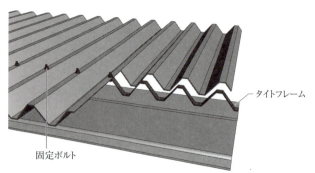

図5・24 折板屋根の工法（重ね方式）

図5・25 折板屋根の曲げ加工（上）と断熱工法（下）

5・3・3 波板葺き

　折板屋根よりさらに簡易な屋根構法に**波板葺き**がある。鉄骨母屋の上に波板を載せ、両者をフックボルトで挟み込んで施工する（図5・26）。波板自身の剛性が余り高くないため、大スパンや高所には適さないが（ただし、母屋を細かく配置すれば適用可能）、鋼板波板をはじめ、スレート、ポリカーボネート、網入りガラスなどの、様々な素材のものがあり（図5・27）、採光も可能なため、小規模な倉庫や駐輪場・カーポート、吹き抜け空間の屋根などで広く利用されている。

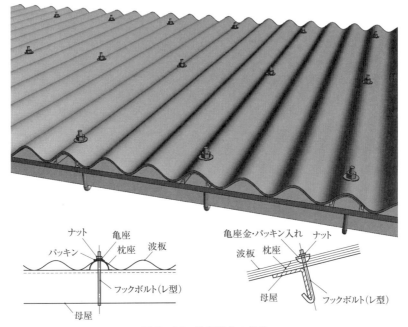

図5・26　波板葺きの構法

図5・27　網入り波板ガラス葺きの例（経堂コルティ）

5・3・4 陸屋根

鉄骨造で陸屋根とする場合，**パラペット**はRC造のように壁・屋根スラブと一体ではなく，外壁の上端と屋根スラブの立ち上がりを笠木で覆って構成される。ただし，外壁と屋根スラブは別々の挙動を示すため，笠木はどちらか一方にのみ固定するなどの注意が必要である。また，防水層は陸屋根部分から笠木内部まで立ち上げ，笠木内に雨水が浸入しないようにする。

5・3・5 その他

そのほか，屋根に準じるものとして，バルコニーや外廊下がある。デッキプレート型枠を用いてコンクリートを打設する場合は，屋根と同様の防水施工となる。ただし，直下が屋外である場合には，押出成形コンクリート版などの乾式工法を用いて，メンブレン防水を用いない簡易な仕様とすることもできる。これらは階段などにも用いられる。

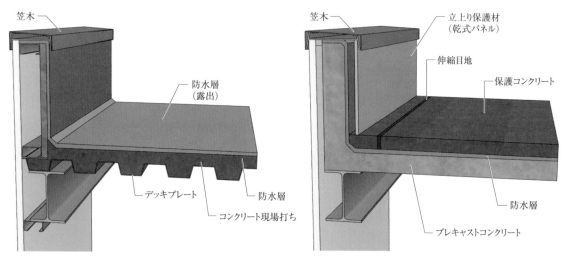

図5・28　鉄骨造・陸屋根のパラペットまわりの防水構法の例

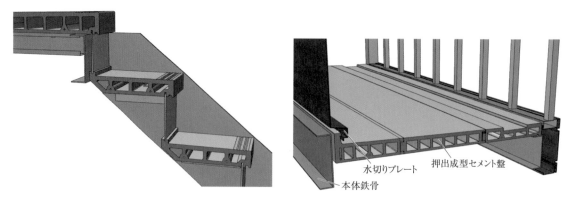

図5・29　押出コンクリートによる乾式バルコニー・階段の例

5・4 外周壁の構法

5・4・1 カーテンウォール

　鉄骨造では通常，組積造やRC壁構造のように壁が構造躯体を兼ねることは少ない。建物に加わる外力を負担しない壁のことを**帳壁**というが，特に非耐力壁の外周壁の場合には，（広義の）**カーテンウォール**という。

　最初期の例として，1872年に完成したムニエのチョコレート工場（ジュール・ソルニエ設計）があるが，その外壁は，鉄骨躯体の間に煉瓦が装飾的に積まれたものであった（図5・30）。

　また，1871年の大火事で都市の大半を焼失したシカゴでは，鉄骨造による高層建築ラッシュがおこり，以降，世界中の大都市で高層のオフィスビルが建ち並ぶようになる。構造躯体から解放された外壁には大きな開口部を設けることが可能になり（図5・31），それまでの組積造とは全く異なる外観の建物が出現することとなった。

　今日，カーテンウォールの外壁は，工場である程度の大きさのパネル部材としてつくられ，クレーンで構造躯体に取り付けられるのが一般的である（図5・32）。したがってカーテンウォールという場合，狭義にはこのようなプレファブ化された部材を用いた外周壁のことを指す。

5・4・2 カーテンウォールの種類

　主要部材をアルミなどの金属部材で構成するものを**メタルカーテンウォール**（図5・33），プレキャスト・コンクリート部材で構成するものを**PCaカーテンウォール**（図5・34）と呼ぶ。

　これらを構成方式でみると，金属製のマリオン（方立）にサッシ，ガラスなどを工場であらかじめ一体化したものを取り付けるマリオン方式が最も一般的であるが，これ以外にも，梁の前面と腰壁部分をパネルとし，その上下を横に連続する開口部として構成する**スパンドレル方式**，開口部の上下左右にパネルを組み合わせる**パネル組み合わせ方式**，階高分のPCaパネルを基本単位として並べる**パネル方式**，柱や梁を囲むように構成する**柱・梁カバー方式**など，様々な方式がある。

図5・30　ムニエのチョコレート工場（仏1872）

図5・31　リライアンス・ビル（米シカゴ1895）

図5・32　今日のカーテンウォールの例（施工中）

112　5章　鉄骨造の構法

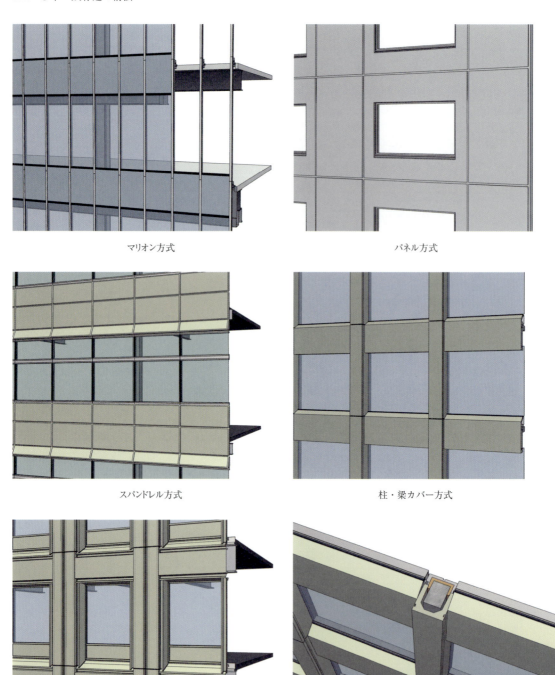

マリオン方式　　　　　　　　　　　　　パネル方式

スパンドレル方式　　　　　　　　　　　柱・梁カバー方式

パネル組み合わせ方式　　　　　　　　　柱・梁カバー方式の構成

図5・33　メタルカーテンウォールの例　　図5・34　PCaカーテンウォールの例

5・4・3 カーテンウォールにおける層間変位追従の仕組み

高層建築はもちろん，中層以下の建物でも地震時に外周壁が破損や脱落に至らぬよう，カーテンウォールを躯体の層間変位に追従させる仕組みが必要になる。基本的には**スウェイ方式**（水平移動）と**ロッキング方式**（回転）がある（図5・35）。

スウェイ方式は，カーテンウォールの下部（または上部）を躯体に固定し，上部（または下部）を躯体に対して水平移動させ，層間変位に追従する。ロッキング方式は，カーテンウォールを躯体に対して回転（実際には微小角度のため，左右の端部がほぼ鉛直方向に移動）させて追従する。

したがって，カーテンウォールと躯体の接合部には固定，水平移動可能，鉛直移動可能の3種類があり，これらを組み合わせる。

カーテンウォールと躯体とをつなぐ接合部を**ファスナー**という（図5・36）。取り付けに際して躯体やカーテンウォール自身の誤差を調整するほか，層間変位への追従においては，この部分を水平方向や鉛直方向にすべらせて行う。

なお，PCa カーテンウォールの場合は重量が大きいため，長周期地震時の水平慣性力に対する検討も必要になる。

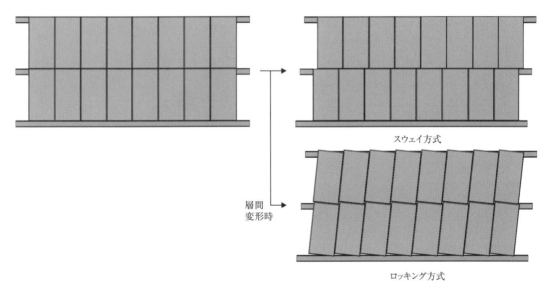

図5・35　カーテンウォールによる層間変形追従機能

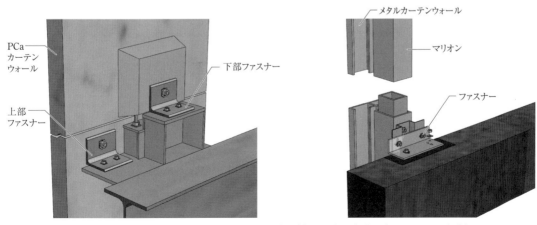

図5・36　カーテンウォールのファスナーの例（左：パネル方式　右：マリオン方式）

5・4・4 カーテンウォールにおける防水の仕組み

カーテンウォールの水密性を担保するには、目地からの雨水の浸入を防ぐ必要がある。防水の方法には、**フィルドジョイント**と**オープンジョイント**がある。

フィルドジョイントは、目地を室外側（一次シール）と室内側（二次シール）でふさぐもので、広く用いられている（図5・37）。

基本的には、一次シールが雨水の浸入を防ぐ。パネル間を現場でシールするが、施工不良や経年劣化、地震などによる損傷などでシールが切れる恐れがあり、定期的に取り替える必要がある。高層建物の場合、足場の確保などの困難が伴うことになる。一方、二次シールは、万が一雨水が目地内に浸入してもこれを室内に入れない役目があり、両方のパネルのガスケットが押しつけ合って構成される。

オープンジョイントは、パネル間の隙間を完全には閉じず、外気と目地内の気圧差をなくすことで、雨水が目地内に吹き込みにくく、入っても再度外に流れ出るようにしたものである。目地が切れる心配がないためメンテナンスがほとんど不要で、主に高層ビル・超高層ビルなどで用いられる（図5・38）。

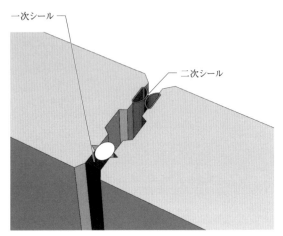

図5・37 フィルドジョイントの例

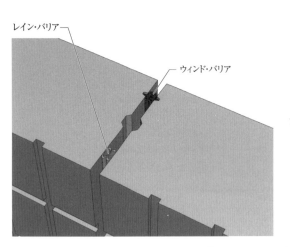 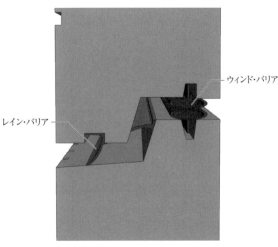

図5・38 オープンジョイントの例

5・4・5 その他の外周壁構法

ALC[※1]

ALC板（軽量気泡コンクリート）は軽量で耐火性があり，現場加工や取り付けが容易なことから，外壁・内壁・床などの下地として広く用いられている（図5・39）。外周壁に用いる場合には，層間変位に追従できる構法を用いる（図5・40）。また吸水性があるため，仕上げを施す必要がある。

押出成形セメント板

押出し成形されたセメント板で，ALCと同様，汎用部材として広く用いられている（図5・41）。肉厚が小さいため，防水に注意する必要があるが，オープンジョイントとすることも可能である。

金属系サンドイッチパネル

あらかじめ仕上げが施された複合部材で，下地の鉄骨に直接（金物などを介して）取り付けるものが多い。断熱材と一体化し，裏面も仕上げたものでは，室外・室内ともそのままあらわしとすることも可能で，工場や倉庫などで用いられることが多い（図5・42）。

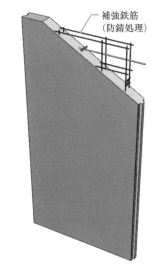

図5・39　ALCパネル

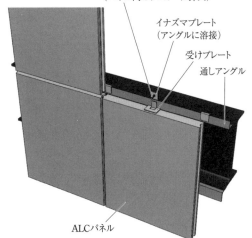

図5・40　ALCによる外壁構法

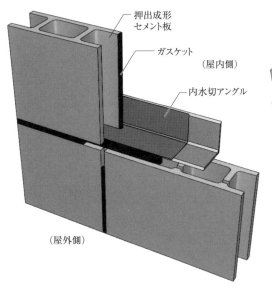

図5・41　押出成形セメント板による外壁構法

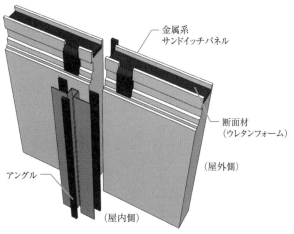

図5・42　金属系サンドイッチパネルによる外壁構法

※1　Autoclaved Lightweight Concreteの略。軽量気泡コンクリートの意味

5・5 開口部とグレージング

5・5・1 グレージングとは

グレージング（glazing）とは，「光沢を与える」の glaze に由来し，つや付けが転じて建物にガラスを嵌め込むことを意味するようになった。外周壁の開口部でサッシ（窓枠）にガラスを嵌め込むのはもちろん，サッシを用いない構法も含め，様々なグレージングの構法がある。

5・5・2 ガラスの歴史

ガラスは古くから用いられてきた材料だが，平らで歪みが小さく，透明性の高い大判の板ガラスが製造できるようになったのは，比較的最近のことである。

元々ガラスの製法は吹きガラスが中心で，建築の開口部に使用できるような大判の板ガラスの製造は難しかったが，19世紀になると，円筒状にした吹きガラスを縦に切り開き，再加熱しながら平らに延ばす**円筒法**が用いられるようになり，ガラスの量産が可能になった。クリスタルパレスのガラスは，この製法でつくられている。

20世紀に入ると，熱して柔らかくなったガラスをローラーの間に通し，延ばしながら連続生産する**ロールアウト法**が開発され，大型のガラスもつくられるようになった。これは大型の開口部が可能なカーテンウォールの発展に大いに寄与することとなった。

1959年に**フロート法**が開発されると，大判で厚さが均一で歪みの少ないガラスの大量生産が可能になった。これは溶けた金属の上にガラスを流し入れ，表面に均一なガラス層を構成するもので，透明な板ガラスの標準的製法として今日に至っている（図5・43）。

現在では様々な機能・性能をもった板ガラスが存在するが，その大部分は，フロート法，ロールアウト法のいずれかにより製造されたもので，さらにこれらを二次加工することで様々な機能のガラスがつくられている。

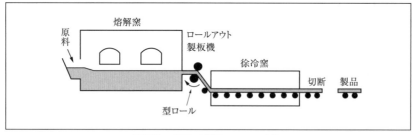

型板ガラス製造工程図，ロールアウト法　　（㈱旭ガラスによる）

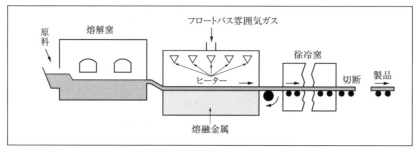

フロート板ガラス製造工程図，フロート法

図5・43　ロールアウト法とフロート法

5・5・3　ガラスの種類

フロート法により製造される透明な一枚のガラスを**フロート板ガラス**というが、ガラス材料に金属粉を混入し、透過する熱線の一部を吸収（その後室内外に再放射）する性質をもたせたものを**熱線吸収ガラス**、板ガラス表面に金属皮膜をコーティングし、熱線の大部分を反射する（可視光線も反射するためハーフミラーのようになる）性質をもたせたものを**熱線反射ガラス**という。

一方、ロールアウト法により製造される代表的なものに、表面に凸凹の模様をつけ、視野を遮るように施された**型板ガラス**や、ロールアウト時に金網をガラス内部に挿入し、火災などにおける破損の際の飛散防止性を高めた**網入りガラス**がある。透明な網入りガラスは、これを磨き加工してつくられる。

板ガラスを再加熱・急冷することで表面に圧縮応力層を形成し、衝撃強度を3倍程度に高めたのが**強化ガラス**である。ただし、一定以上の力がかかると一気に割れて粒状になる。また、急冷時に眼に見えない微細な傷が入ることがあり、軽い衝撃や温度変化等をきっかけに突然割れる可能性がある。そこで、再加熱後、徐々に冷却して衝撃強度を2倍程度にしたものを**倍強度ガラス**という。高層ビルのガラスには、主にこちらが使われる。

2枚の透明ガラスの間に樹脂フィルムを挟んで接着・一体化させたものを**合わせガラス**と呼び、飛散防止や貫通防止をはじめ、紫外線カットなど様々な機能を付加することができる。

板ガラスの断熱性を高めるには、2枚（または3枚）の板ガラスの間に空気層を設けるのが効果的で、スペーサーを介して一体化されたものを**複層ガラス（ペアガラス）**（3枚の場合は**三層ガラス（トリプルガラス）**）と呼ぶ。さらに、強化ガラスや**低放射ガラス**（特殊な金属皮膜で透明度を保ちながら熱線部分のみ選択的に反射させるもので、**Low-Eガラス**とも呼ばれる）を用いることにより、複数の性能を併せ持つガラスをつくることもできる。

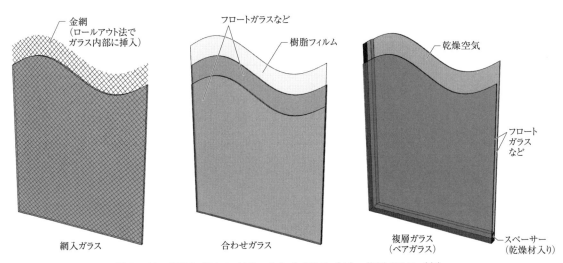

図5・44　網入りガラス（左）、合わせガラス（中）、複層ガラス（右）

5・5・4 サッシの機能と構成

ガラスは脆い材料のため，仕上げ材のようにそのまま固定することはせず，一般には建具に嵌め込んだ上で窓として用いられる。このひとまとまりの建具のことを**サッシ**という。素材により，木製サッシ，スチールサッシ，アルミサッシ，プラスチックサッシなどがある。

アルミサッシが登場する以前は，主に木製サッシやスチールサッシが用いられていた。**木製サッシ**の場合は，押縁を用いてガラスの脱落を防ぐ方法が一般的で（図5・45），外部に用いる場合には防水のためシーリングを併用する。

スチールサッシは，鋼板を折り曲げたものやサッシバーを用いるため，複雑な溝形状を構成するのが難しく，硬化パテでガラスを固定していた（図5・46）が，硬化パテで固定したガラスが地震などにより割れやすいため，現在は硬化パテではなく，押縁とシーリング材が用いられるようになった。

アルミサッシは，アルミ押し出し成形による精密な形状により，水密性・気密性に優れ，耐久性も高いため，現在はほとんどの開口部で用いられるようになった（図5・47）。ただし，熱伝導率が大きいため，断熱性では木製サッシやプラスチックサッシに劣る。このため，室内側と室外側を切り離し，樹脂などの絶縁材料でつないだ**断熱サッシ**なども開発されている。

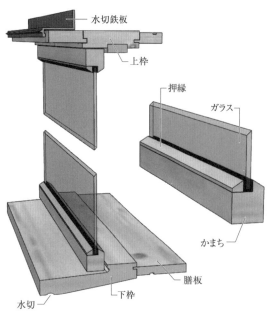

図5・45 木製サッシ

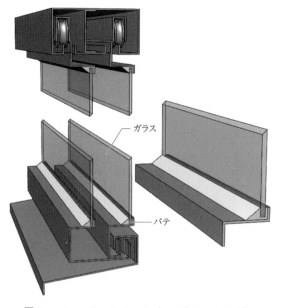

図5・46 スチールサッシ（パテを用いた場合）

サッシとガラスの間には，サッシが変形してもガラスに影響を及ぼさないようにクリアランスが必要で，アルミサッシやプラスチックサッシの場合には，シーリングやグレイジングチャンネル，グレイジングビードなどを用いてガラスを固定する（図5・48）。

また，いずれのサッシでも，雨水の浸入を防ぎ，吹き込んだ雨水や結露水を排出するため，室内から室外へと傾斜をつけるとともに，室内側には水返しの立ち上がりを設けるなどの雨仕舞が重要になる。

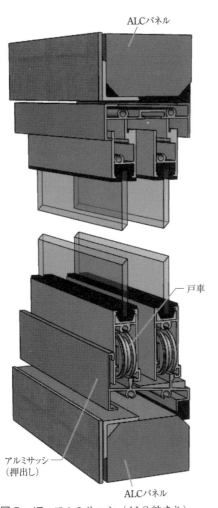

図5・47　アルミサッシ（ALC納まり）

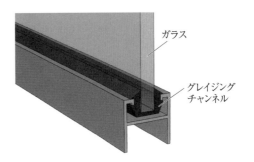

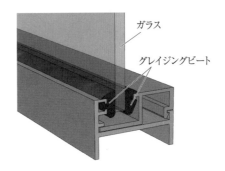

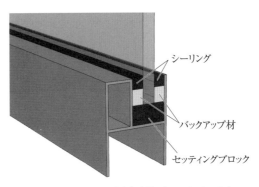

図5・48　ガラスの固定方法（アルミサッシ）

5・5・5 フレームレス構法

はめ殺し（開閉しない）の開口部なら，コンクリートや金属フレームに，サッシ（窓枠）を用いずにガラスをはめることも可能である。**ジッパーガスケット**は，コンクリートや金属に取り付けたガスケットにガラスを嵌め，ロックストリップによるジッパー（ファスナー）機構により固定する構法である。躯体からの変形はガスケットが吸収する（図5・49）。ちなみに，車両のガラスは，同様な方法で取り付けられている。

低層の店舗やショールームなどの外周を大型のガラスで覆う場合には，ガラスを上から吊り下げ，自重で歪まないようにするとともに，リブガラスで補強し，面外方向の力に抵抗する構法がしばしば用いられる（図5・50）。

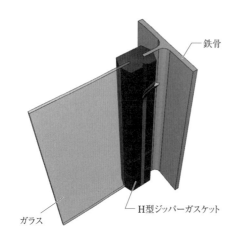 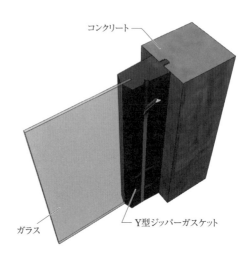

図5・49　H型ジッパーガスケット（左），Y型ジッパーガスケット（右）

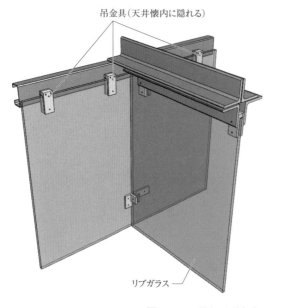 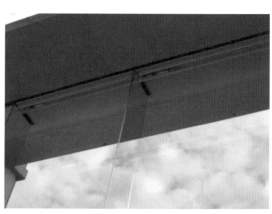

図5・50　吊り下げ方式による大型ガラス開口部の構法

カーテンウォール全面をサッシ枠を用いずにガラスで連続させる方法の一つに，**SSG**[※2]**構法**がある。地震や風圧力に耐える強度と変形能力をもつシーリング材（**構造シーラント**）でガラスを支持材に接着するもので，熱線反射ガラスを用いて全体をハーフミラーにし，支持部材を見せないようにするのが一般的である（図5・51）。

構造シーラントの代わりにガラスに穴を空け，変形追従性を持つメカニカルな支持金物で点支持する方法を，日本では**DPG**[※3]**構法**という（図5・52）。この場合は，低放射ガラス（Low-Eガラス）などにより内部を積極的に見せる目的で用いられることが多い。似たものに，ガラスに穴を空けず，端部を金物で挟み込む**MPG**[※4]**構法**などがある（図5・53）。

図5・51　SSG構法

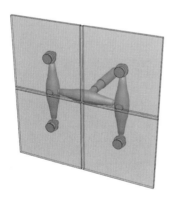

図5・52　DPG構法

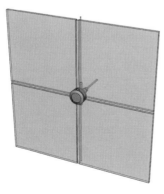
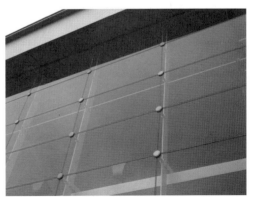

図5・53　MPG構法

※2　Structural Sealant Glazing の略　　※3　Dot Point Glazing の略（和製英語）　　※4　Metal Point Glazing の略（和製英語）

5・6 内装構法

5・6・1 オフィスビルの床構法

オフィスビルでは，床は配線（特に電力，情報）のための重要な部位であり，床構法に大きな影響を与える。

かつては床スラブに配線管やダクトを埋め込む方式が多く用いられてきたが，取り出し位置が固定されるため，レイアウト変更などに制約を受ける。このため現在は，**フリーアクセスフロア**（OAフロア）が主流になっている。仕上げ材も，スラブ埋め込み配線の場合にはプラスチック系タイルが多かったが，OAフロアに移行するに従い，着脱や交換が容易なタイルカーペットが大部分を占めるようになった（図5・54）。

近年では，フリーアクセスフロアの床ふところをチャンバーに利用した，床吹き出し方式による空調システムを導入する例も増えている。

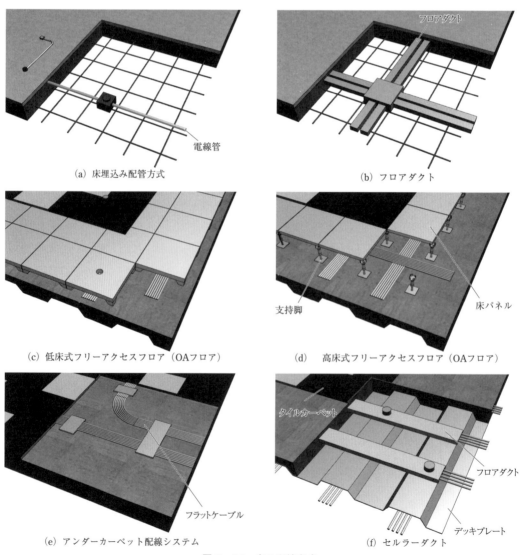

(a) 床埋込み配管方式 (b) フロアダクト
(c) 低床式フリーアクセスフロア（OAフロア） (d) 高床式フリーアクセスフロア（OAフロア）
(e) アンダーカーペット配線システム (f) セルラーダクト

図5・54 床の配線方式

5・6・2 オフィスビルの壁・天井構法

オフィスビルをはじめ，店舗や非木造の集合住宅などでは，亜鉛メッキ鋼板を折り曲げて成形した鋼製の内装下地で間仕切壁や天井をつくるのが一般的である。

これらの資材は規格化されており，現場でカットして長さを調節すれば比較的簡単に組み上げることができる。また，木に比べて材料の精度や剛性が高いなどの特長をもつ（図5・55）。

ただし，細かな加工に向いていないため，複雑な形状の壁には適さない。また，現場で部材をカットする際には火花が出るため，火災を起こさないよう注意が必要になる。

なお，階数が11以上の階で200m^{2}以内に**防火区画**された壁の下地については準不燃材料[※5]，500m^{2}以内の場合は不燃材料以上[※6]が要求される。また，避難階段[※7]，特別避難階段[※8]の天井及び壁は，仕上げ・下地とも不燃材料でつくることが義務づけられている。これらの場合には鋼製

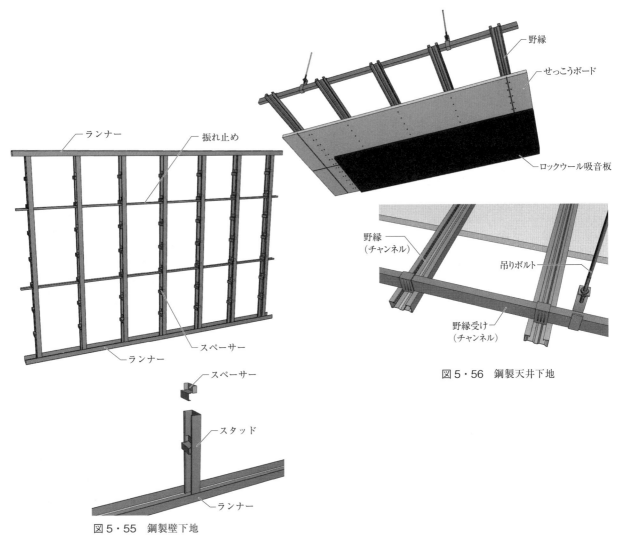

図5・56 鋼製天井下地

図5・55 鋼製壁下地

※5 準不燃材料：火災による加熱で10分間延焼せず，防火上有害な損傷や避難上有害なガス等を生じない材料
※6 不燃材料：火災による加熱で20分間延焼せず，防火上有害な損傷や避難上有害なガス等を生じない材料
※7 避難階段：5階以上かつ14階以下の階，または地下2階以下の階に義務付けられる避難用階段
※8 特別避難階段：15階以上の階，または地下3階以下の階に義務付けられる避難用階段

下地を用いることが多い。（木製下地の場合には，一定の基準を満たす必要がある。）

天井下地の場合は吊天井とし，野縁に石膏ボードを張り上げるのが一般的である（図5・56）。床スラブ（デッキプレート下地の場合はデッキプレート）から吊り下げられたボルトの先のハンガーで野縁受けを吊り，それに野縁を交差させて下地が構成される。

これらの天井下地と天井仕上げ，設備機器等を1つのシステムとして構成したものを特に**システム天井**という。大規模なオフィスビルでは空調・照明器具はもちろん，スプリンクラーや避難放送設備などを設ける必要があり，様々な器具類を効率よく整然と設置するために用いられることが多い（図5・57）。

オフィスをはじめ，比較的広い室の天井は，地震時に大きな損傷を受ける恐れがある。したがって，天井下地に斜め方向の振れ止め等を設け，十分な対策を講じる必要がある。

特に，体育館やホール等大空間の天井で吊り長さが長くなる場合には，吊り材を補剛材でつなぐ等の対策も加えなければならない（図5・58）。

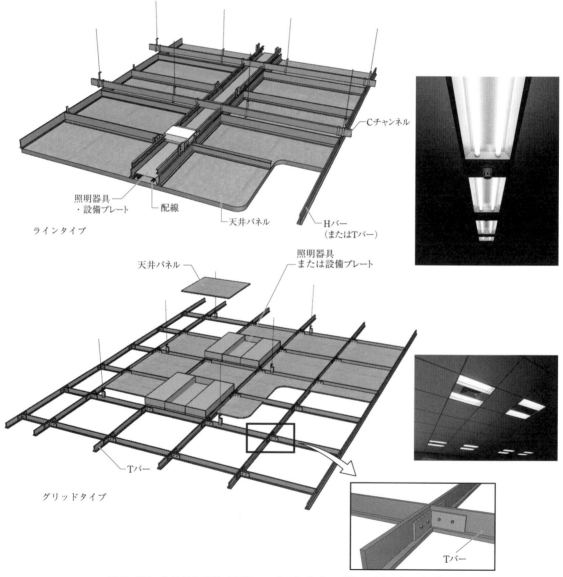

図5・57　システム天井（上段：ラインタイプ，下段：グリッドタイプ）

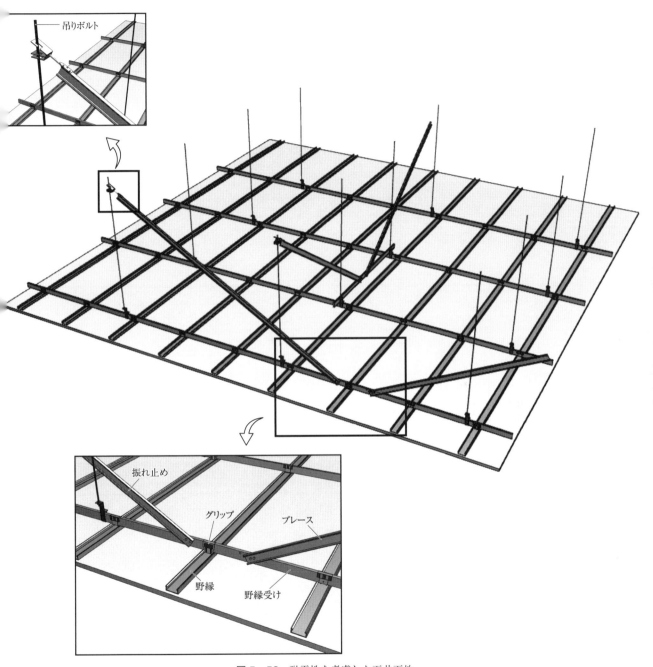

図5・58　耐震性を考慮した天井下地

第6章

鉄筋コンクリート造の構法

6・1　材料 …………………………… 128
6・2　躯体構法 ………………………… 133
6・3　屋根の構法 ……………………… 140
6・4　外周壁の構法 …………………… 143
6・5　内装構法 ………………………… 146

　本章では，木造，鉄骨造と同様に日本で一般的に用いられている鉄筋コンクリート造建築の構法の原理と各部を中心に学習する。要点は次のとおりである。

(1)　鉄筋コンクリートは，引張りに強い鉄と圧縮に強いコンクリートを組み合わせることで構造材料としての優れた特性を発揮する材料で，19世紀に発明され，20世紀には建築分野で広く用いられるようになった。鉄筋コンクリート造は壁式構造にも軸組構造にも用いられており，コンクリートの調合，配筋，打設などによって様々な要求性能に応えることができる。

(2)　鉄筋コンクリート造建築の屋根に用いられる仕上げ材は鉄骨造建築と同様だが，鉄筋コンクリート自体が下地となる陸屋根に関しては，鉄骨造とは異なる構法上の留意点があり，それに応じた納まりが考えられている。

(3)　鉄筋コンクリート造建築の場合は，鉄骨造とは異なり，壁下地を鉄筋コンクリートでつくる場合が多く，打放し，タイル張り，石張り等の種類ごとに，仕上げ材とコンクリートの接合方法，そしてその耐久性に留意して構法が考えられている。

(4)　内装では，外壁と同様に下地を鉄筋コンクリートでつくる場合が多く，その場合には鉄骨造と異なる構法もみられるが，多くの構法において鉄骨造との共通性は高い。

6・1 材　料

6・1・1　鉄筋コンクリートとは

鉄筋コンクリート（**RC**：Reinforced Concrete）とは，鉄筋を組み立てた所にコンクリートを打設し，硬化させることで，2つの材料が力学上補い合うようにしたものをいい，鉄筋コンクリート造（RC造）とは，主たる構造部に鉄筋コンクリートを用いた構造のことをいう。適用範囲は，戸建住宅から中低層のビルやマンション，さらには超高層建築までと広い。

コンクリートの材料であるセメントの起源は，ピラミッドで水硬性の焼石膏のセメントが使用されていたり，ローマ時代には石灰と火山灰で道路・城壁・住宅が作られていたりと古い。現在用いられるセメントは，1824年にジョセフ・アスプディン（英）の発明した**ポルトランドセメント**である。このセメントの色調・堅さが英「ポルトランド島」の石材に似ていたため，このように命名された。このセメントを用いてつくる鉄筋コンクリートは，1850年のジョセフ・ランボー（仏）による鉄網入りボート，1867年のジョセフ・モニエ（仏）による鉄網入り植木鉢およびモニエ式RCスラブ配筋法などに端を発するが，建築構造全体に適用されるようになるのは世紀の変わり目あたりである。

最初期の鉄筋コンクリート造の建築として有名なものに，フランクリン街のアパート（1903年，オーギュスト・ペレ設計，パリ）があり，国内最初期の事例としては佐世保重工業ポンプ室（1904年，真島健三郎設計，佐世保），オフィス用途の最初期の例として，三井物産横浜支店（1911年，遠藤於菟設計，横浜）（図6・1）があった。

6・1・2　コンクリート，鉄筋の性質

セメント・モルタル・コンクリート

セメントは，石灰石や粘土，石膏からつくられ，水硬性（水とセメントが反応して硬化する）の性質を持つ。このセメントを用いたものとして，**モルタル**がセメントと細骨材（砂）と水を調合したものであるのに対して，コンクリートとはセメントと細骨材（砂）と粗骨材（砂利等）と水を調合したものである。

鉄筋

鉄筋には，コンクリートとの付着のために表面に凹凸をつけた**異形鉄筋**と，表面に凹凸のない**丸鋼**がある。

図6・1　竣工当時の三井物産横浜支店
（横浜都市発展記念館所蔵）

図6・2　異形鉄筋の例

鉄筋コンクリート

鉄筋コンクリートは，以下のように，コンクリートと鉄筋の長所を組み合わせ，また短所を補い合わせることで成り立っている。

① 圧縮と引張：コンクリートは，圧縮力に対して強く，細長い鉄筋は，引張力に対して強い。鉄は本来圧縮力にも引張力にも強いが，細長いものは圧縮力に対して座屈しやすいという弱点がある。この２つの性質を組み合わせることで，様々な変形に耐える構造となる（図6・3）。

② 錆びとアルカリ性：鉄には錆びやすい性質があるが，アルカリ性のコンクリートの中に鉄筋があることによって，錆びを防いでいる。ただし，コンクリートは空気中の CO_2 などと反応し，外気に触れる表面から徐々に**中性化**していく。中性化が進行すると，鉄筋に錆が発生しやすくなるおそれがある。環境条件で大きく異なるが，中性化の速度は 0.4mm/年程度である。コンクリートの表面から鉄筋までの厚さを鉄筋の**かぶり厚さ**またはかぶり厚というが，それが 40mm であれば，100 年程度で鉄筋まで中性化が進行するという計算が成り立つ。

③ 耐火性：コンクリートは耐火性が高く，熱に弱い鉄を守る。

④ 膨張率：鉄とコンクリートの**熱膨張率**はほぼ等しい。そのため，温度変化による伸縮の違いによるコンクリートのひび割れは起こりにくい。

6・1・3 配筋

鉄筋コンクリートでは，コンクリートが圧縮力を，鉄筋が引張力を主に負担するが，建物にかかる様々な荷重を支えられるように，コンクリートや鉄筋の強度，鉄筋の位置が決められる。それに従った鉄筋の配置および組立を**配筋**という。原理的には，引張力がかかるところにだけ鉄筋を配すればよいが，耐力の余裕をみることと施工の手間の軽減のため，圧縮側にも配筋を行うのが一般的である。

配筋にあたっては，耐久性・施工性の観点から，かぶり厚，鉄筋の空き寸法を適切に確保する必要がある。

鉄筋を途中で継ぐ必要がある場合には，重ね継手，溶接継手，ねじ形継手，スリーブ充填継手等の**継手**を用いる（図6・5）。

コンクリートのみ　　　　鉄筋コンクリート
引張力に弱い　　　　　引張力に強い鉄筋で補う

図6・3　圧縮と引張の図

図6・4　配筋の例

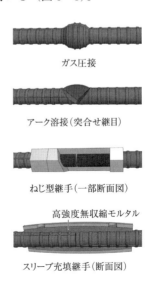

ガス圧接

アーク溶接（突合せ継目）

ねじ型継手（一部断面図）

高強度無収縮モルタル

スリーブ充填継手（断面図）

図6・5　継手の例

6・1・4　型　枠

　鉄筋のまわりに，コンクリートを打設するための空間を形成し，コンクリートが硬化するまで保持するために設置されるのが**型枠**であり，せき板と支保工で構成される。**支保工**には図6・6〜7のように，せき板の変形を防止するための縦桟（縦端太），横桟（横端太），フォームタイ，セパレーター等や，梁や床のせき板を下から支えるサポートなどがある。せき板と支保工は，所定のコンクリート強度が発現したら取りはずされるのが普通だが，セパレーターだけはコンクリート打設後も中に残される。

　せき板の材料には，合板によるものと，鋼製のもの（図6・8）がある。コンクリートの表面に模様をつけるために，加工された化粧型枠を用いる場合もある。一般に合板は加工しやすいが繰り返し利用の回数が少なく，鋼製は加工しにくいが

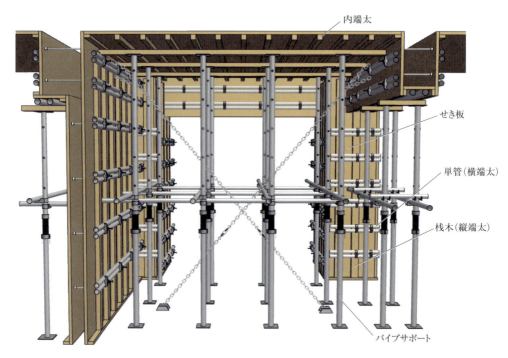

図6・6　型枠支保工の構成

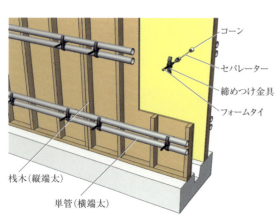

図6・7　壁の型枠の例

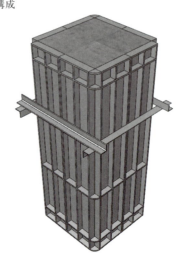

図6・8　鋼製型枠の例

より多く繰り返し利用できる。

コンクリートが硬化して、型枠を取りはずすことを脱型というが、型枠は、脱型するものと、脱型しないもの（**捨型枠**）に大別される（図6・9）。脱型するものでも、図6・10のように、連続的にずらしながら用い続ける場合もある。この写真は、海外でよく見られる超高層ビルの中央コアを先行してつくる施工方法のものであるが、中央コアの型枠は、順次上階へずらすもので、**スライディングフォーム**と呼ばれる。

6・1・5　コンクリートの調合・打設

前述のとおり、コンクリートは、セメント、細骨材、粗骨材、水からなり、セメントの水和反応によって固化するが、所定の強度を発揮するように計算によって求められた割合で調合される。

一般的に、設計基準強度 $21～27N/mm^2$ 程度が用いられ、$36N/mm^2$ を超えるものを**高強度コンクリート**という。

調合された生コンクリートの軟らかさを示す値として**スランプ値**がある。スランプ値は、スランプコーンという容器にコンクリートを詰め、スランプコーンを上方に抜き取ったあと、コンクリートの高さがどれだけ下がったかを示す数値である（図6・11）。スランプ値が大きいほどやわらかく施工しやすくなるが、骨材が分離するおそれも高くなるため、一般的に18cm以下とする。近年耐震性の向上、高層化などによって、鉄筋量が増える傾向にあり、こうした事例では施工性を向上させるためにスランプ値の大きい高流動コンクリートが採用されている。

```
脱型する型枠 ─┬─ 数回使う
              └─ 1回限り（紙パイプ等）
脱型しない捨型枠 ─┬─ 強度を期待する（ハーフPC等）
                  └─ 強度を期待しない
```

図6・9　型枠の分類

図6・10　スライディングフォームの例

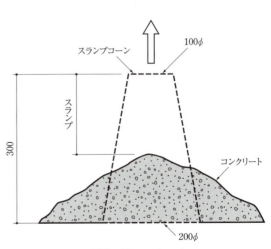

図6・11　スランプ

コンクリートの打設にあたっては，なるべく真上から打ち込み，必要に応じて**バイブレーター**（振動機）を用い，コンクリートが隅々までまわり，空隙などが発生しないように注意する。そして，所定の強度が発現されるまで養生し，その後脱型する。

結果的にコンクリートが上手く回らなかった部分をジャンカといい（図6・13），脱型後補修が必要となる。

コンクリートを打ち込む1区画に対し，コンクリートを複数回に分けて打設する場合は，その打ち込みの間隔をなるべく短くする必要がある。一定時間を超えると先に打設したコンクリートの硬化が始まり，コンクリートが一体化しない。これを**コールドジョイント**（図6・14）という。これに対して，設計時に計画されたコンクリートの継ぎ目を，**打継目地**という。この場合は，適切な表面処理を行った上で打継ぎを行う。

図6・12　バイブレータを使用したコンクリート打設

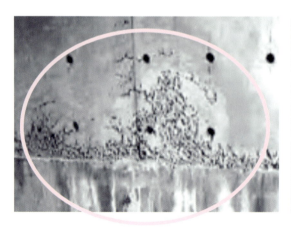

図6・13　ジャンカの例

図6・14　コールドジョイントの例

6・2 躯体構法

6・2・1 壁式構造

壁式構造は，鉄筋コンクリートによる構造体の種類の一つで，壁と床によって建物を支える方式のことをいう。柱や梁は不要であるが，ある程度の間隔で壁が必要になるため，平面計画が制限され，大空間を構成するのには適さない。また一般に，5階建て以下で用いられる。ある程度壁があってもかまわない住宅には比較的適用されやすく，集合住宅で数多く採用されてきた。開口部の大きさは制限されるが，柱型・梁型が室内に現れないことも特徴であり，内装工事が容易になる。壁式構造は耐震性に比較的余力があることが多く，改修によって使い続けられる古い集合住宅もある。

壁式構造については，壁量，壁厚，配筋要領が建築基準法施行令に基づく告示によって定められている。

壁式構造のバリエーションとして，梁間方向を壁式構造，桁行方向を壁柱と梁で構成した，**壁式ラーメン構造**もある。

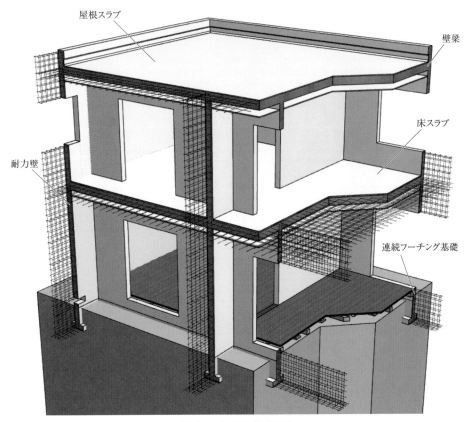

図6・15　RC壁式構造

6・2・2 ラーメン構造

ラーメン構造は，鉄筋コンクリートによる構造体の内，柱と梁が剛接合された構造によって建物を支える方式のことをいう。柱・梁の接合部が剛接合であることから，ラーメン構造と呼ばれる（なお，前述の壁構造でも，壁と床の接合は剛接合である）。

6，7階建て程度までの高さに適し，柱と梁の間隔は6～8m程度のものが最も効率がよいとされている。様々な用途の建物に使われるが，学校建築や中小規模の事務所建築などが主要な用途である。近年は，高強度コンクリートの柱・梁を用いた高層や超高層の事例も見られるようになってきており，これらは主に集合住宅として建設されている。

ラーメン構造の場合，耐震性を確保するために，耐力壁と組み合わせて使われることも多い。また，鉄筋コンクリート工事として，柱・梁や耐力壁以外の非構造壁，つまり，腰壁，袖壁，垂れ壁などを一体で打設することも多かった。しかし，阪神・淡路大震災の被害において，ラーメン構造と一体として造られた非構造壁が破損して，建物全体の被害を大きくすることが指摘された。

そのため現在は，一体として造らないようにし，完全スリットなどで地震時に躯体と非構造壁が干渉しない設計がされるようになっている。

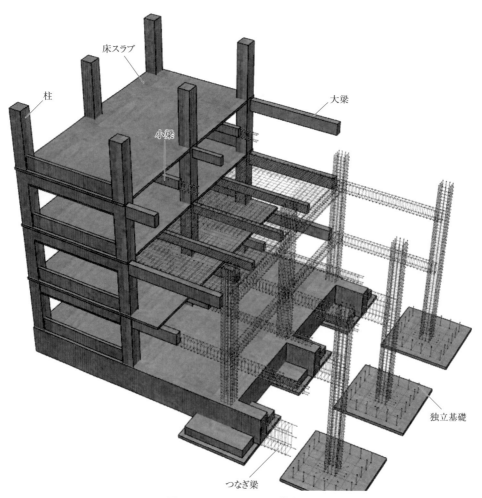

図6・16 RCラーメン構造

ラーメン構造の梁の配筋は、主筋と**あばら筋**（スターラップ）によって構成される。あばら筋は、梁の方向に組み立てられた主筋に対して直交方向に一定間隔で巻かれており、梁への荷重によるひび割れを防ぐ役割がある（図6・17）。

梁の断面形状は、ほとんどが縦長の長方形だが、建物外周部においては、上部の腰壁や下部の垂れ壁と一体にして剛性を高めることがあり、これを**壁梁**（ウォールガーター）という。

柱と梁の接合部において、柱近傍に向かって梁を太くした部分をハンチという（図6・18）。梁端部の応力は他の部分に比べて大きいので、ハンチにより補強することは理にかなっているが、現在は、施工の手間を軽減するために、他の部分も端部に必要な太さに合わせて均一の太さにしていることが多い。

ラーメン構造の柱の配筋は、鉛直方向の主筋に対して梁のあばら筋に相当する**帯筋**（フープ）が設置される。地震時の剪断亀裂や主筋の座屈、コンクリートのはらみだしを防止する役割がある。スパイラル状の鉄筋を用いることもある（図6・19）。

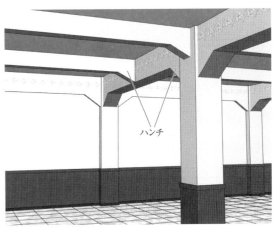

図6・18 柱梁とハンチ

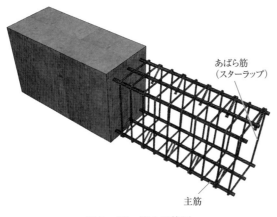

図6・17 梁の配筋例

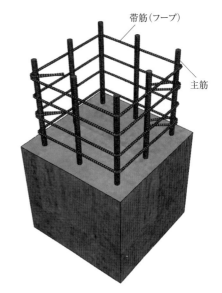

図6・19 柱の配筋例

ラーメン構造の床は、積載物の荷重を支えるだけでなく、水平荷重を柱梁に伝える重要な役割を担っている。床の構造を床スラブと呼び、大梁または小梁によって囲まれ、固定されている。床スラブの配筋は、格子状に組まれた鉄筋が2重に配される。上の鉄筋を上端筋、下を下端筋と呼ぶ。床スラブの厚さは、通常は150〜180mm程度だが、集合住宅の場合は重量衝撃音を低減する目的で厚くする傾向がある。

通常の床スラブのほかに、小梁を内包した形式のものがある。そのうちボイドスラブとジョイストスラブは小梁が1方向に並んだもので、ワッフルスラブは小梁が2方向に配置されているものである。また、床下に十分な高さを確保して設備配管などを納めるために、梁が床スラブより上に配された逆スラブという形式もある（図6・21）。

ラーメン構造の壁は、地震などによる荷重に抵抗するための耐力壁と、荷重を受けない非構造壁に分かれる。耐力壁の配筋は、格子状の鉄筋を二重に配することが多い。

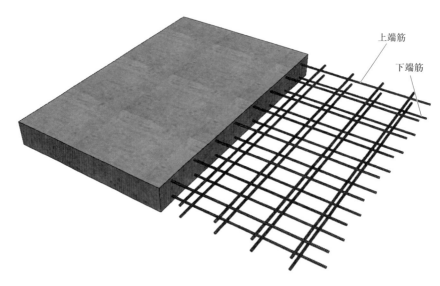

図6・20　床の配筋例

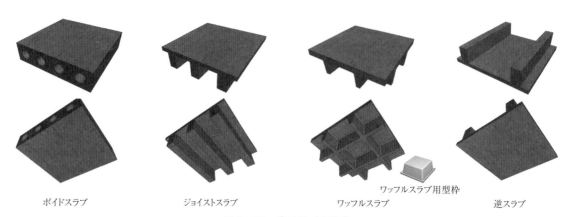

ボイドスラブ　　　ジョイストスラブ　　　ワッフルスラブ　　　逆スラブ

図6・21　床スラブの形式

6・2・3 プレストレストコンクリート構造、フラットスラブ構造

プレストレストコンクリート構造

プレストレストコンクリート(PC[※1])は、コンクリートの引張側にあらかじめ圧縮力を導入するものである。これにより、梁せいを小さくできる、荷重によるコンクリートの変形やひび割れを抑えることができるなどの効果がある。比較的大スパンの構造を作る場合に利用されることが多い。

PCには、コンクリート部材に圧縮力を導入する時期によって2つの種類がある。

① プレテンション方式

引張側のPC鋼棒に引張力を掛け、その状態でコンクリートを打設する。コンクリートが硬化した後、脱型時にPC鋼棒の緊張を解放すると、コンクリート部材に圧縮力が生じる（図6・22, 23）。

② ポストテンション方式

コンクリート部材の中に鞘管（シース）を設置した上でコンクリートを打設する。硬化・脱型後、鞘管に通されたPC鋼材に引張力を掛ける。端部をねじやくさびで定着させることでコンクリート部分に圧縮力が生じる（図6・24, 25）。

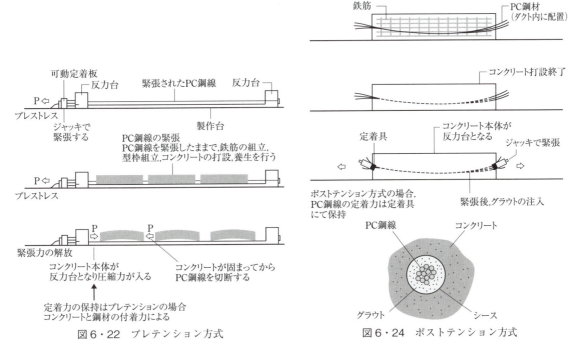

図6・22　プレテンション方式

図6・24　ポストテンション方式

図6・23　工場に積まれたダブルTスラブ

図6・25　ポストテンション施工中のジャッキ

※1　一般に、プレストレストコンクリートの略称は「PC」であり、プレキャストコンクリートの略称には、「PC」、「PCa」の両方がある。本書では、混乱をさけるために、プレストレストコンクリートをPC、プレキャストコンクリートをPCaと表す。

フラットスラブ構造

フラットスラブは無梁版構造とも呼ばれるもので，柱で直接床を支える構造である。水平方向の構造要素が少なくなるため，日本で採用する場合は，耐震壁を併用する等の配慮が必要となる。

原理的には，梁とスラブが一体化したものとみなすことができ，柱・梁構造よりも厚いスラブを用いる。このほか，スラブをプレストレストコンクリートとするものもある。

6・2・4 その他の構造

超高層 RC 造

一般的に RC 造は，中低層の建物に用いられる。しかし，これとは別に，高強度のコンクリートと高強度の鉄筋を用いた**超高層 RC 造**がある。**高強度コンクリート**とは，設計基準強度が 36N/mm^2 を超えるコンクリートのことである。なお，一般的なコンクリートの設計基準強度は 24N/mm^2 である。

超高層 RC 造は，1970 年代から開発が始まり，現在では超高層マンションにおいては一般的な構法となっている。ゼネコン各社によって様々な構法が開発されているが，あらかじめ地組された鉄筋を用い，コンクリートを打設するものや，柱・梁にプレキャストコンクリート用い，接合部を現場打ちコンクリートで接合する方法などがある。

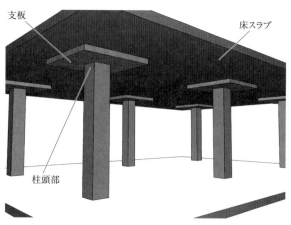

図 6・26 フラットスラブ構造

PCa 柱の揚重

据えつけられた PCa 柱と，梁の配筋・型枠

図 6・27 超高層 RC 造

シェル構造・折板構造

薄肉の曲面版や，平面版によって大空間を構成する構造として，**シェル構造**，**折板構造**がある。これらは建物の荷重を面内応力で処理しているため，無柱の大空間をつくることが可能である。なお，この構造形式はコンクリートに限らず，鉄骨のフレームによってもつくることができる。

シェル構造は，荷重を面内応力として処理する構造方式である。また，折板構造はシェル構造を複数の平面版に置き換えた構造と，屏風状・蛇腹状の構造があり，前者はシェル構造に類似した部分が多く，後者は面を折り曲げることによって曲げ剛性を確保する考え方に基づくものである。

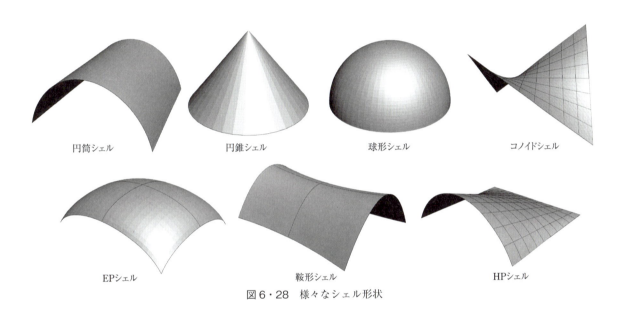

図6・28 様々なシェル形状

図6・29 HPシェルの例（ソチミルコのレストラン）

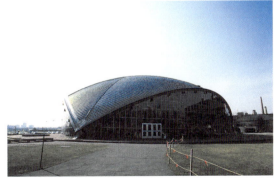

図6・30 3点で支持されたシェルの例（MITオーディトリアム）

6・3 屋根の構法

6・3・1　アスファルト防水屋根の構法

アスファルト防水は，不織布などにアスファルトを含浸させたアスファルトルーフィングと呼ばれるシート状の材と，溶融アスファルトを交互に積層させて，防水層を構成するものである。他の防水構法に比べ，信頼性の高い構法とされている。屋上を人が歩く仕様の場合は，防水層の上に**保護コンクリート**を設ける。その際に，保護コンクリートには概ね3m毎に**伸縮目地**を設ける。屋上断熱が必要な場合は，図6・32のように，断熱材と共に施工する。偶角部に施工する場合は，補強のための増し張りを行う。

改質アスファルト防水は，改質アスファルトシートを張るもので，**トーチ**でシート表面を溶かしながら接着するものと，シートの粘着力によって常温で接着するものがある。改質アスファルト防水はヨーロッパで発達した構法で，日本では1990年代になって各種の標準仕様書などに記載されるようになった。

図6・31　トーチ工法

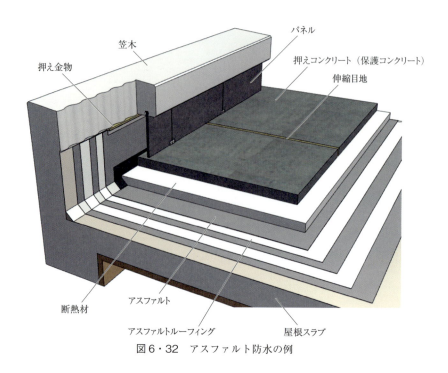

図6・32　アスファルト防水の例

陸屋根の外周部分には，立ち上がり部分がある。これは，防水層の端部の納まりのために設けられるもので，**パラペット**という。いくら防水層自体がしっかりしたものであっても，防水層の端部の隙間から水が浸入してしまっては，機能は果たせない。したがって，防水層の端部に雨水がかかったり，表面を伝わって流れてこないような処置が必要となる。そこで，防水層端部をシーリングしたり，笠木などで覆うような納まりとなっている。

陸屋根には，通常，1/100～1/150程度の勾配が取ってある。これは，陸屋根に降った雨水を排水するためのもので，水勾配ともいう。勾配の最も低い部分には，**ルーフドレイン**が設置される。ルーフドレインは，スラブおよび防水層に孔を開けて設置されることが多く，防水上の弱点となりやすい。そのため，ルーフドレイン周囲には，防水層を増し張りするなどの対策が取られる。

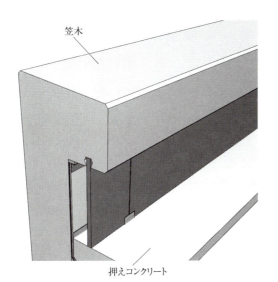
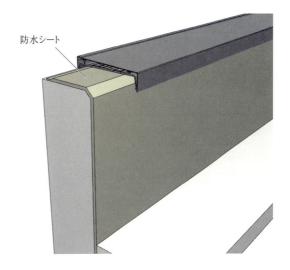

図6・33　パラペットの例

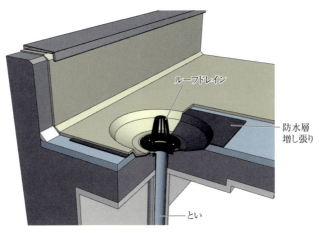

図6・34　ルーフドレインの例

6・3・2 シート防水屋根の構法

シート防水は，合成高分子シートを接着剤または金具で接合する構法である。アスファルトルーフィングと異なり，通常，厚さ1〜2mm程度の合成高分子シート1層で防水層を構成する。

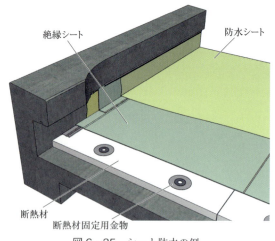

図6・35 シート防水の例

6・3・3 ステンレス防水屋根の構法

ステンレス防水は，立てはぜ葺きの要領で，長尺ステンレス板を陸屋根に葺いて防水層とするものである。ステンレスのほか，チタンが使用されることもある。

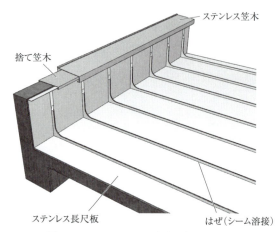

図6・36 ステンレス防水屋根の例

6・3・4 その他の屋根構法（塗膜防水等）

塗膜防水は，不定形材を塗布することによって防水層を構成するもので，材料には，ウレタンゴムやゴムアスファルトなどが用いられる。

図6・37 塗膜防水の施工

6・4 外周壁の構法

6・4・1　コンクリート打放しの構法

コンクリートの仕上げの種類には，様々なものがあるが，そのうち，コンクリートの素地をあらわしにしたものを打放し仕上げという。

打放し仕上げには，打放し用型枠を用いる。

コンクリートの素地を生かした仕上げとして，素材感や鋭角的な表現などが好まれ，よく使われるが，構造体が露出していることになるため，耐久性上十分な配慮が必要となる。耐水性・耐久性を向上させるために，表面を特殊コーティングする方法がある。

このほか，コンクリートの表面を斫って仕上げる斫り仕上げがある。

6・4・2　吹付け仕上げの構法

吹付け仕上げは，合成樹脂系やモルタル系の塗材を吹付けて仕上げる構法である。塗材の層構成によって薄付け，厚付け，複層仕上げがあり，吹き付け後にローラーで押さえることなどで，仕上げ面に様々な模様が表現できるという特徴がある。

6・4・3　タイル張りの構法

タイル張りは，コンクリート外壁の保護やれんが壁風の意匠を得る目的で多用されている構法である。外装タイルの寸法は，概ね，れんがの寸法を基にして作られている。

図6・38　打放し仕上げの例（ソーク研究所）

薄付け仕上塗材（砂壁状）

厚付け仕上塗材（押さえ状）

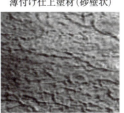
薄付け仕上塗材（さざ波状）

複層仕上塗材（ゆず肌状）

図6・40　吹付け仕上げの例

図6・39　斫り仕上げの例

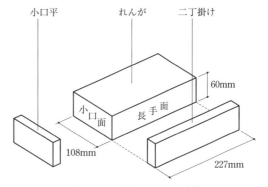

図6・41　外装タイルの寸法

タイルは，コンクリート外壁にモルタルによって接着されるものが標準的である。タイル裏面には裏足と呼ばれる凹凸が施されている。裏足はモルタルの付着を良くするために蟻足形状となっている。また近年では，モルタルに網状の材をいれ，モルタルのひび割れや剥離を防ぐ構法も用いられている。

また，タイルは平面だけでなく，偶角部にも施工する必要がある。そのような部分に用いる，平面以外の形状を持つタイルを，役物タイルと呼ぶ。**役物**とは，一般部に用いるものではない，特殊な形状の部材を呼ぶときに用いる用語であり，タイル以外，外装パネルなどにおいても，役物という用語が用いられる。

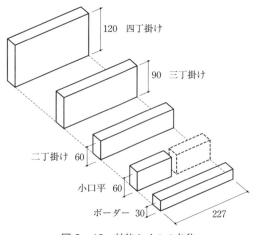

図6・42 外装タイルの名称

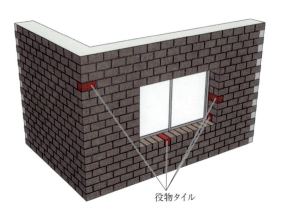

図6・45 役物タイルの使われ方

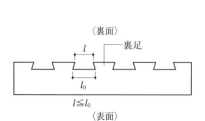

外装タイルの裏足：タイルの裏面には，タイルと張付けモルタルの付着力を得るため，蟻足形状の裏足が設けられる。

図6・43 外装タイルの裏足

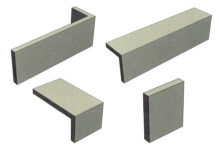

図6・46 役物タイル

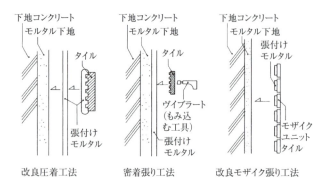

図6・44 外装タイルの各種構法

6・4・4 その他の外周壁の構法

石張り構法には、花崗岩・砂岩などが用いられることが多い。現在、多くの場合、金物で石材を緊結する乾式工法が主流となっている。石の小口に小さな穴をあけ、だぼピンを差し込み、金物を介してコンクリート外壁に取り付ける方法である。

一方、かつて主流であった方法として湿式工法がある。だぼ、引き金物、鉄筋とモルタルを用いてコンクリート外壁に取り付けるものである。これは地震などの変形に対する追従性が低く、施工も時間がかかるため、全面的に採用されることは少なくなったが、耐衝撃性が高いため、幅木など部分的に用いられることは多い。

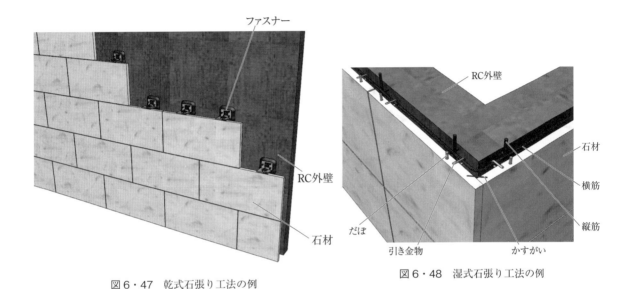

図6・47　乾式石張り工法の例

図6・48　湿式石張り工法の例

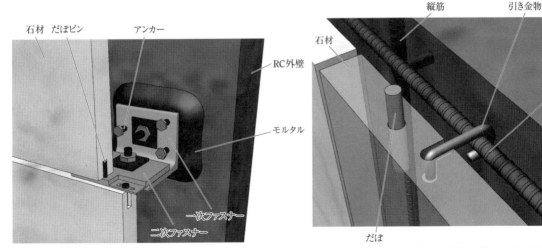

図6・49　乾式石張り工法の取付け部の例

図6・50　湿式石張り工法の取付け部の例

6・5 内装構法

6・5・1 集合住宅の床構法

ここでは，主に集合住宅の仕上げ構法について扱う。鉄筋コンクリート造のオフィスなどでは鉄骨造と同様の仕上げが用いられるため，鉄骨造の床構法（p.122～125）を参照のこと。

衝撃音に対する対策

集合住宅の床においては，重要な性能は遮音性能である。歩行による音や物が床に落ちたときに生じる音を衝撃音というが，これには**重量衝撃音**と**軽量衝撃音**がある。重量衝撃音は床スラブの厚さによって軽減し，軽量衝撃音は防音のための緩衝材等によって軽減する。集合住宅の床スラブは，かつては150～180mmといわれていたが，近年では遮音性能を向上させるために200mm以上にしている場合も少なくない。

床仕上げ

1980年代頃までは，集合住宅の床仕上げは，カーペットが主流であったが，ダニ，ハウスダストなどのアレルギーの問題が社会的に注目され，フローリングが主流になってきた。また，畳敷きの和室もまだ多くの集合住宅で見られるが，用いられるのは古くからの稲藁床よりも，インシュレーションボードや押出発泡ポリスチレンなどが畳床に使用した建材畳床が主流となっている。また，縁のない畳などもよく見られるようになってきた。

フローリング

フローリングは，無垢材による単層フローリングと，合板を積層させた複合フローリングがある。現在は複層フローリングが主流であり，フローリング一枚一枚張るのではなく，複数枚分の大

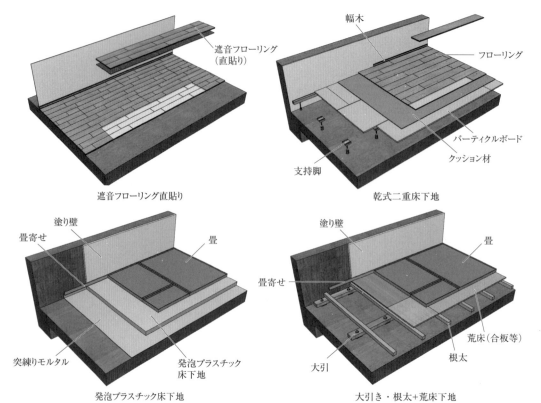

図6・51　各種床下地・床仕上げの例

きさで化粧目地を施したものが採用されることが多い。複合フローリングには，裏面にクッション材を一体化させた複層フローリングもあり，衝撃音対策として用いられる。

畳

床スラブに畳を敷く場合は，下地に和室用発泡プラスチックを用いる構法や，スラブ上に木造の床下地（大引・根太・下地合板）を組み，畳を敷く構法などがある。

6・5・2 集合住宅の天井構法

直仕上げ，石膏ボード天井

洋室の場合，床スラブに直接クロス貼りとする場合と，下地を設けてボード張りあるいはクロス貼りとする場合がある。下地には，木製下地と軽量鉄骨下地があるが，天井高をかせぐため，吊りボルトを省略しスラブに野縁を取付ける構法もある。

目透かし天井

和室の場合，木目を印刷した化粧紙を貼り付けた**ラミネート天井板**を，敷目板で矧ぐ構法がある。吊木と野縁は木材が用いられる。後施工アンカーやインサートから金物を介して吊木を取り付ける方法が一般的である（p.77，3・6・3 天井参照）。

6・5・3 集合住宅の内壁構法

集合住宅における内壁構法の下地には天井と同様に，木製下地と軽量鉄骨下地がある。この下地に，合板や石膏ボードを張り，その上にクロスを貼る構法が最も一般的と言える。

木製下地による内壁

コンクリートの壁に仕上げをする場合は，木れんがを壁面に接着し，それに木製の胴縁を取り付ける。間仕切壁の場合は，木製下地材で間仕切壁の下地フレームを組み，そこに合板か石膏ボードを張る。

内壁に用いる代表的な材料には，次の物がある。

・下地に胴縁などが必要なもの
　合板，ハードボード（硬質繊維板）
　石膏ボード（プラスターボード）
　フレキシブルボード（繊維強化セメント板）
・下地に胴縁が不要のもの
　木毛セメント板
　硬質木片セメント板

石膏ボードに，クロスを貼る場合は，石膏ボードの継目がクロスを貼った後に段差として見えないように，継目の処理を行う必要がある。下地用の石膏ボードは，面取りがしてあり，そこにパテを塗り，継目の段差が目立たないようにしている

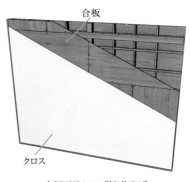
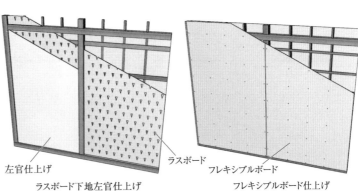

図6・52　木製下地による内壁の例
（左）合板下地クロス貼り仕上げ　（中）ラスボード下地左官仕上げ　（右）フレキシブルボード仕上げ

（p.92，図4・10，ツーバーフォーのドライウォールの図を参照）。同様に，石膏ボードを下地に取り付けているビスの頭も，パテを塗って穴が目立たないようにする。

クロスとは，もともと紙で裏打ちされた布・織物のことをいい，壁や天井の仕上げとして貼る。これにはいくつかの種類があるが，現在の主流は，塩化ビニル製のものである。プリントやエンボス加工などが施された，様々な意匠の製品がある。

紙製のものもあるが，表面に撥水加工が施されている物が多い。古くは織物壁紙があったが，現在は殆ど使われていない。

軽量鉄骨下地による内壁

木製下地ではなく，軽量鉄骨を用いる場合がある。基本的には鉄骨造における内壁構法と同様である。（p.123，5・6・2 オフィスビルの壁・天井構法参照）

6・5・4　その他の内壁構法

木製下地を使用しない構法として，**GLボンド**（団子状の特殊モルタル）を用いて石膏ボードを張る構法もあるが，近年はあまり採用されなくなってきている。

図6・53は，改修工事にともない，石膏ボードを撤去したときのようすである。GLボンドの跡が下地に残っているのがわかる。

また，集合住宅やオフィスのエントランスホールなどで見られる石張り仕上げでは，金物を用いて石材を緊結する乾式工法や接着剤による接着工法が用いられる。

台所などの内壁でタイル貼りを行う場合は，胴縁に耐水合板を打ち付け，その上にラス，モルタルを施工し，タイルを貼る。

図6・53　GL構法による内壁を撤去したようす

(1)ボンド施工　(2)ボード取り付け　(3)ボンドの間隔
図6・54　GL工法

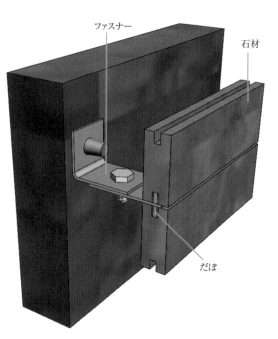

図6・55　内装石張り構法の例

第 7 章

その他の非木造の構法

7・1　プレキャストコンクリート構造 ⋯ 150
7・2　鉄骨鉄筋コンクリート造 ⋯⋯⋯ 154
7・3　鋼管コンクリート造 ⋯⋯⋯⋯⋯ 157
7・4　ハイブリッド造 ⋯⋯⋯⋯⋯⋯⋯ 158

　本章では，鉄骨造，鉄筋コンクリート造のほかに，今日の日本で用いられている非木造建築の構法の種類とそれぞれの原理を中心に学習する。要点は次のとおりである。

(1)　プレキャストコンクリート構造は，工場等で予め製作した鉄筋コンクリートの部材を，現場で相互に接合することによって実現するもので，プレファブリケーションの利点を発揮することができるが，部材同士の接合部での性能確保の方法に留意する必要がある。

(2)　鉄骨鉄筋コンクリート造は日本で独自の発展を遂げた構造の種類で，鉄骨造と鉄筋コンクリート造双方の良さを併せ持てるように，各部の納まりが考えられている。

(3)　鋼管コンクリート造は新しい構造の種類で，鉄筋コンクリートと同様に，鉄とコンクリートそれぞれの短所を相互に補い合い，長所を活かすことを目指して考えられたものである。

(4)　ハイブリッド造は，木造，鉄骨造，鉄筋コンクリート造のように，躯体の主要材料が一種類ではなく，二種類以上の材料を組み合わせることで，それぞれの長所を効果的に活かすことを目指して考えられたものである。

7・1　プレキャストコンクリート構造

7・1・1　概要

　柱，梁，壁，床，屋根などができる位置で型枠を組み，配筋し，コンクリートを打設し，養生後脱型する鉄筋コンクリートの造り方を**現場打ち（コンクリート）**あるいは**場所打ち（コンクリート）**というのに対して，そうした部位の最終的な場所とは異なる場所で，予め配筋，コンクリート打設，養生，脱型をすませ，部品の形でその場所に運び，据え付けるつくり方を**プレキャストコンクリート**という。プレキャストは，英語で「予め打設する」の意である。プレキャストコンクリートは略して「PC」あるいは「PCa」と表記される場合が多いが，プレストレストコンクリートを「PC」と表記することがあるため，今日では混乱を避けて「PCa」と表記することが多い。そして，鉄筋コンクリート構造の中で，主要な構造体がプレキャストコンクリートでできているものがプレキャストコンクリート構造である。

　鉄筋コンクリートは19世紀半ばにフランスで発明されたが，発明後すぐに建築に適用されたのではなく，当初は船や植木鉢などの製作に用いられた。これらは建築のように地面に固定されるものではないので，当然ながら現場打ちではなくプレキャストコンクリートだった。鉄筋コンクリートの建築構造分野での適用は，20世紀初頭から本格化するが，鉄筋コンクリート構造による建築の先駆者として知られる建築家オーギュスト・ペレ（仏）の作品にも見られるように，当初よりプレキャストコンクリートは構造部位に適用されていた。特に，組積造が主体であった欧米では，コンクリートは石やレンガの代わりに用いるものという側面があり，プレキャストコンクリートの適用は受け入れやすかったと考えられる。

　ところが，欧米に倣った組積造が，1923年の関東大震災で大きな被害を受けた日本では，その後の鉄筋コンクリート構造の本格的な適用において，建物全体を構造的に一体化し易い現場打ちコンクリートが一般化した経緯があり，プレキャストコンクリート構造の本格的な実用化は，住宅の大量供給が要請された1960年代になって漸く開始された（図7・1）。

　プレキャストコンクリートの製造は，専用の工場で行われる場合（図7・2）と，施工現場内に設けられた仮設工場で行われる場合がある。

図7・1　1960年代初頭のPCa壁式構造の施工
　　　　（写真：内田祥哉氏所蔵スライド）

図7・2　PCa壁式構造のパネル工場

プレキャストコンクリート自体は，建築の部分を予め別の場所で製作しておく**プレファブリケーション**の一種であり，施工現場内に設けられた仮設工場で製造することを「**サイトプレファブ**」と呼ぶことがある。

プレファブリケーション一般と同様に，プレキャストコンクリート構造には，現場打ちコンクリートによる構造と比べて，気候や天候に左右されない安定した作業環境の確保のし易さ，作業の機械化・合理化のし易さ，品質管理のし易さ，施工現場での省力化のし易さといった利点がある。

他方で，既に硬化した部品同士を施工現場で接合することになるため，その接合部の応力伝達を含む構造性能，水密性能，遮音性能等の確保には十分に注意を払う必要がある。

7・1・2　PCa壁式構造

プレキャストコンクリート構造は，鉄筋コンクリート構造の一種であり，壁式構造，ラーメン構造等の構造形式の種類は現場打ちコンクリートによるものと同様である。

1960年代に入って中層集合住宅の分野を中心に適用が始まったのが壁式構造である。この構造では，壁，床，屋根がそれぞれパネル形状の部品として施工現場に搬入され，相互に接合される（図7・3）。

水平方向に隣り合う耐力壁パネル同士の接合部は，パネルの側面に設けられた**シアーコッター**と呼ばれる窪みから先端部が出された鉄筋（コッター筋）同士を溶接し，その部分にコンクリートを打設するのが一般的である（図7・4）。

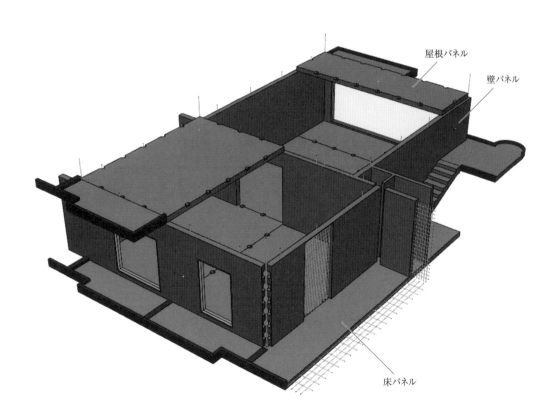

図7・3　PCa壁式構造

上下の耐力壁パネル間の接合部は，以前は，パネルに埋込まれた金物同士を添え金物を介して溶接し，コンクリートを充填する方法が採られていたが，今日では，より合理的な応力伝達が可能な方法として，上に乗るパネルの下部に設けられたスリーブ内で上下の鉄筋同士を直接つなぐ接合方法（**スリーブ継手**）が一般的に用いられている（図7・5）。

床パネル同士は，それぞれの端部に設けられたシアーコッターから出た鉄筋（コッター筋）同士を溶接，あるいは添え筋を介して溶接し，そこに目地モルタルを充てんする方法が採られる（図7・6）。

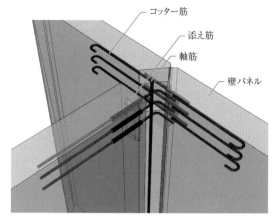

図7・4 水平方向に隣合う壁パネル同士の接合部

7・1・3　PCa ラーメン構造

ラーメン構造の場合は，柱，梁，耐力壁，床にプレキャストコンクリートを用いる。

上下の柱の主筋同士は，壁式構造の耐力壁同士の接合と同様に，スリーブ継手により接合される。梁は，上端筋を含む配筋上部がコンクリートから露出した状態の部品として施工現場に搬入される。施工現場では，梁の上端筋を通す形で配筋し，下端筋を曲げ定着とした上で，コンクリートを打設し接合する。

床は，こうした梁の上端と接合部でのコンクリート打設の必要性，遮音性の確保の容易性などの理由から，厚みのすべてをプレキャストコンクリートとすることはなく，ボイド型枠を含む薄肉のプレキャストコンクリートパネルを型枠として，その上部に配筋した後コンクリートを打設する方法が採られる（図7・8）。

この床の例のように，型枠兼用の半製品としてのプレキャストコンクリートの利用は，柱や梁においても行われることが多く，帯筋やあばら筋と外側のコンクリートを一体化したプレキャストコンクリート部品などが用いられる。それらの部品は**外殻 PCa** という場合がある（図7・7，7・8，7・9）。

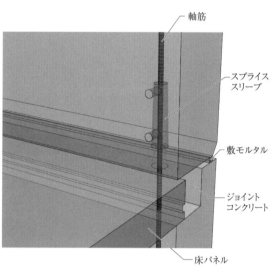

図7・5 上下の壁パネル同士の接合部

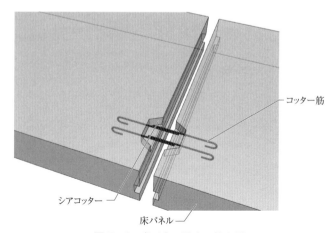

図7・6 床パネル同士の接合部

外殻PCaを用いた構法は，各部位のほとんどの部分をプレキャストコンクリートにした構法と比べ，部品が軽く施工現場での揚重の負担が軽くなる，柱主筋継手の合理化が可能になるといった利点がある。また，一般的な現場打ちコンクリートによる構法と比べると，型枠作業が軽減できる利点がある。

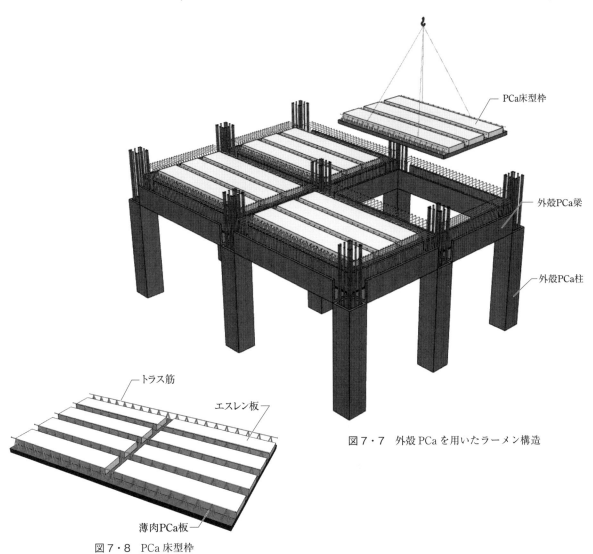

図7・7　外殻PCaを用いたラーメン構造

図7・8　PCa床型枠

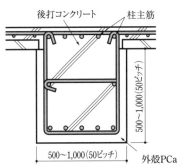

図7・9　外殻PCa柱・梁

7・2 鉄骨鉄筋コンクリート造

7・2・1 概　要

　鉄骨の周囲を鉄筋コンクリートで被覆するように一体化した，柱や梁などで構成される躯体構法を **鉄骨鉄筋コンクリート造（SRC造）** という。鉄骨部分の占める割合が大きく，鉄骨造に近い構造特性をもつものから，逆に鉄筋コンクリート造に近いものまで様々ある。

　鉄骨をコンクリートに埋め込むことにより，耐火性能や防錆性能を高め，座屈しにくくするのを目的として，1923年竣工の日本興業銀行（構造設計は内藤多仲）に，同じくそれまで無かった耐震壁構造とともに採用された。これが関東大震災に耐えたことから，SRC造は耐震性能に優れた構造として認知されるようになり，後に構造規準が制定され，地震国であるわが国独自の発展を遂げることとなった。

　特に1960年代以降，**建物の絶対高さ制限（31m）** が撤廃され，超高層ビルが出現すると，その下層部をSRC造，高層部をS造とする方式が多く用いられた。また，遮音性能などの確保からRC造が一般的な分譲マンションの高層化に際し，SRC造が多く採用された。

　しかし，近年では，高強度コンクリートや構造設計手法の発達により，RC造でも高層・超高層建築が可能になったため，必ずしもSRC造がRC造より構造性能に優れるとは限らない。

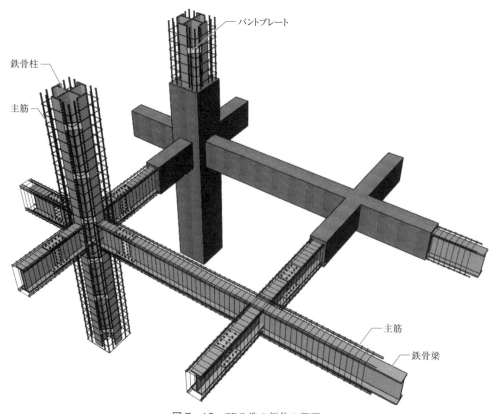

図7・10　SRC造の躯体の概要

7・2・2 材料と設計法

SRC造で用いられる鉄骨，鉄筋，コンクリートは，基本的にS造やRC造で用いられるものと同じである。

SRC造の構造設計では**累加強度式設計法**が用いられる。すなわち，鉄骨と鉄筋コンクリートそれぞれの曲げ耐力・せん断耐力を累加してSRCの耐力とするものである。これは，SRC造では鉄骨とコンクリートの付着が小さく，別々に挙動することによる。ただし，特殊な合成構造ではSの占める割合が小さく，S部分をRCに置き換えて計算する鉄筋コンクリート式設計法や，その逆の鉄骨式計算法が用いられることもある。

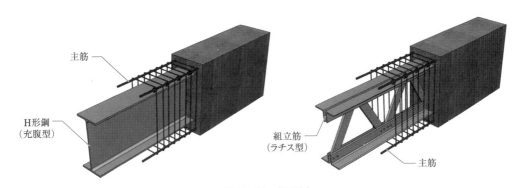

図7・11　梁の例
（左：充腹型，右：ラチス型）

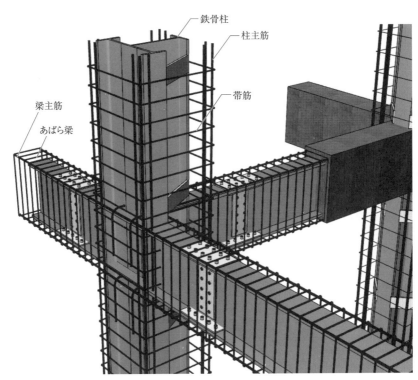

図7・12　柱梁接合部の例

7・2・3 躯体構法

SRC 造で用いられる鉄骨は，通常，鋼管のような閉断面でなく，主に開断面のものを用いる。

梁の場合はH形鋼を用いることが一般的だが，山形鋼などで組み立てたラチス型のものを用いることもある。

柱の場合もH形鋼は用いられるが，断面方向による構造性能の差が大きいため，十字形やT字形の柱を用いることが多い。この場合も，ラチス型のものを用いることがある。

これらの鉄骨を取り囲むように鉄筋を配する。S部分とRC部分はそれぞれ独立しており，S部分はボルトまたは溶接で組み立て，RC部分では鉄筋の継手・定着をとる。鉄筋が鉄骨と干渉する部分では鉄骨に穴を開け，鉄筋を貫通させるようにする。

7・2・4 内装・設備

SRC 造は，躯体が完成した際はRC造とほぼ同じ外観形状になるため，内装・設備などはRC造に準じる。

ただし，設備配管が躯体を貫通する際には，SとRCの両方に前もって穴を開けておく必要があるため，設計段階での周到な準備が不可欠になる。

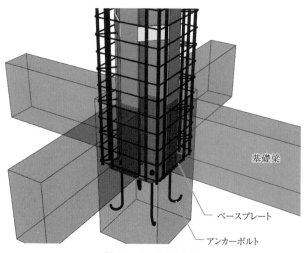

図 7・13　柱脚の例

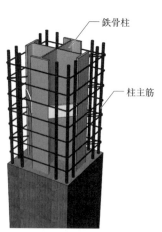

図 7・14　柱（十字形）の例

7・3 鋼管コンクリート造

7・3・1 概要

鋼管柱の内部にコンクリートを充填し，従来の鉄骨造や鉄筋コンクリート造よりも高い構造性能や防火性能をもたせることを目的とした構造方式を **鋼管コンクリート造（CFT）**※ という。

SRC造では，強度・剛性の高い鉄骨が材の中央部にあるが，CFT造では最も外縁部となるため鋼材の構造性能が効率良く発揮される。また充填コンクリートと鋼管は一体となって互いに拘束し合うため，RC部はS部の座屈を抑え，逆にS部はRC部の（経方向の）変形を抑え，互いに耐力が増加する。さらに，充填コンクリート部分は型枠や鉄筋が不要で，外側のかぶり厚が無いため，スリムな断面にできるなどの特長をもっている。

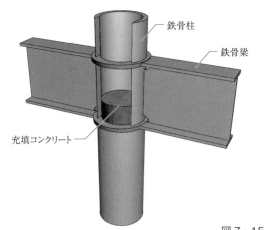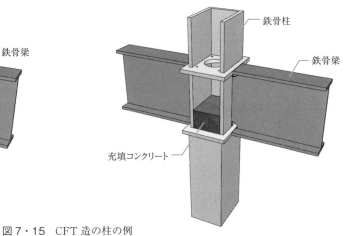

図7・15　CFT造の柱の例

図7・16　CFT造の実例（日産自動車グローバル本社ビル）

※ Concrete Filled Steel Tube の略

7・4　ハイブリッド造

7・4・1　概要

ハイブリッド造とは，広義には複数の材料を組み合わせて主たる構造部を構成する構造のことを言う。これらを組合せのレベルによって整理すると，概ね下記のようになる。

① 材料の組合せによるもの

　複数の材料を組み合わせて柱・梁などを構成するもの。SRC，CFT，鋼材と集成材の複合梁などや，木質系の構造材を接合金物によって接合する木造軸組構造，大規模集成材構法，鋼材（引張側）と集成材（圧縮側）によって構成されるトラス構造など。

② 構造の組合せによるもの

　複数の構造を組み合わせて，全体を形作るもの。柱がRC造で梁がS造のもの，木造の建物において部分的に鉄骨梁を用いるものや，上階下階で構造形式が異なるもの，平面図上で異なる構造形式が混在するもの。下階がRC造で上階が木造，コアがSRC造でコア周囲の柱梁がS造など。

①は従来のSRCやCFTに加え，近年では木質材料と鋼材を組み合わせた事例が見られるようになってきた。金物を併用する大断面木造は1980年代以降から多く見られるようになったタイプである。

②のタイプは従前よりあるもので，混構造と呼ばれることもある。

7・4・2　各種事例

材料の組合せによるもの

SRC（p. 154参照），**CFT**（p. 157参照）は，ともにハイブリッド造といえる。鉄骨に加えコンクリートを併用することで，S造と比較して圧縮力に強い構造が可能である。

このほか，木材と鉄骨の組合せの事例もある。集成材をH形鋼の耐火被覆として採用したもの（図7・17）や，杉角材の仕口部に鋼製ボールジョイントを用いて立体トラスを形づくる事例（図7・18）などがあげられる。

図7・17　H形鋼と集成材による柱材

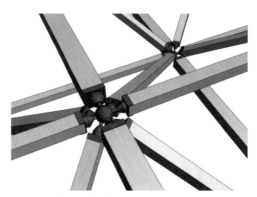

図7・18　杉角材と鋼製ボールジョイントによる立体トラス

構造の組合せによるもの

異なる構造体を組み合わせる例として，鉄骨梁とRC柱を組み合わせた構造があげられる（図7・19）。RC造は耐火性，気密性に優れるが，型枠工事に手間がかかる。これに鉄骨梁を組み合わせ，さらにデッキプレートによる床とすれば梁と床のせき板と支保工は不要となり，省力化と工期短縮が可能となる。鉄骨梁の場合はRC梁に比べスパンを大きくとること，もしくは梁せいを小さくすることが可能となる。

このほかにも，木造とRCを組み合わせたものなどがある。図7・20は，木造トラスとRC壁を組み合わせたもので，木造にかかる水平力をRC壁に負担させることで，壁のない大空間を実現させたものである。

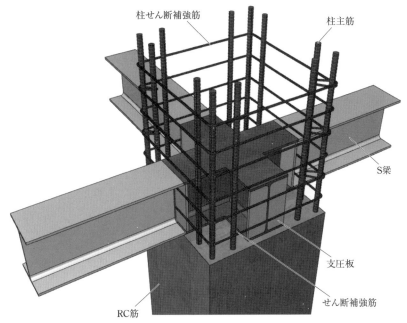

図7・19 鉄骨梁とRC柱による構造

図7・20 RC耐震壁と集成材の架構による構造（オガール紫波）
（写真提供：堀内弘治氏）

第 8 章

実例に見る建築構法

1　富岡製糸場繰糸工場
　　【洋風木造建築の構成】……………………… 162
2　白川郷の合掌造り・旧中野義盛家住宅
　　【茅葺民家の架構】…………………………… 164
3　軽井沢の山荘
　　【混構造の小さな家】………………………… 166
4　日本生命日比谷ビル
　　【重厚な石張り外装】………………………… 168
5　東京カテドラル聖マリア大聖堂
　　【HPシェルによる造形】……………………… 170
6　パレスサイド・ビルディング
　　【金属部品で構成された多機能な外壁】…… 172
7　霞が関ビルディング
　　【超高層建築向けカーテンウォールの典型】……… 174
8　熊本県立美術館
　　【耐久性向上のため積み重ねられた構法改良】……… 175
9　セキスイハイムM1
　　【鉄骨ラーメンによる単純な箱から成る住宅システム】… 176

　本章では，日本に現存し，その建築的な価値について評価の高い実例を 9 例取りあげ，それぞれの構法の特徴的な部分を中心に学習する。
　各実例の特徴的な部分として取りあげた部分は，それぞれの表題に簡潔に記しているので，学生諸君には，これを念頭に置いて学習し，可能であれば実物に触れる機会を持つことを期待したい。

実例に見る建築構法 1

【洋風木造建築の構成】 富岡製糸場繰糸工場
設計者：オーギュスト・バスティアン
竣工年：1872 年

　明治政府が殖産興業の推進の一環として建設した富岡製糸場の中でも最大の建築物で，幅 12.3m，高さ 12.1m，長さは約 140m もある。木造の軸組に煉瓦積みの壁を充填する形の「**木骨煉瓦造**（もっこつ）」と呼ばれる構法が用いられている。軸組部分はハーフティンバー，**はさみ梁**，**キングポストトラス**が用いられ，洋式の構法の特徴があらわしになっているが，木材自体は日本の松や杉である。煉瓦の積み方は，日本では**フランス積み**ともいうフランドル地方由来のもので，目地には漆喰が用いられた。煉瓦はフランス人技術者に作り方を教えられた日本の瓦職人が焼いたものである。

全体構成

富岡製糸場　正面写真

木骨煉瓦造の納まり

木造小屋組見上げ

実例に見る建築構法 2

【茅葺民家の架構】
白川郷の合掌造り・旧中野義盛家住宅

竣工年：1858年。1909年焼失後再建されたものが1969年現在の野外博物館合掌造り民家園に移築された。

日常の生活や接客の中心となる「オエ」という広い空間があり，「広間型」と呼ばれる民家の特徴が表れている。1階の軸組部は，概ね1間間隔で建てられた柱を3段の貫で固め，その上に桁，梁を架け渡す方式が採られている。建物中央のオエ部分は柱の間隔を大きくし，その間に**差鴨居**を通すことで構面を固めるとともに，中央両端に位置する2本の太い柱の上に「ウシノキ」と呼ばれる梁を架け，このウシノキに直行する梁を載せることで，柱のない広い空間を実現している。小屋組は2本の相対する**合掌材**を頂点で合わせることで急勾配の屋根を構成し，下地組の上に茅が葺かれている。この大屋根の内部には，二層の養蚕作業空間が確保されている。

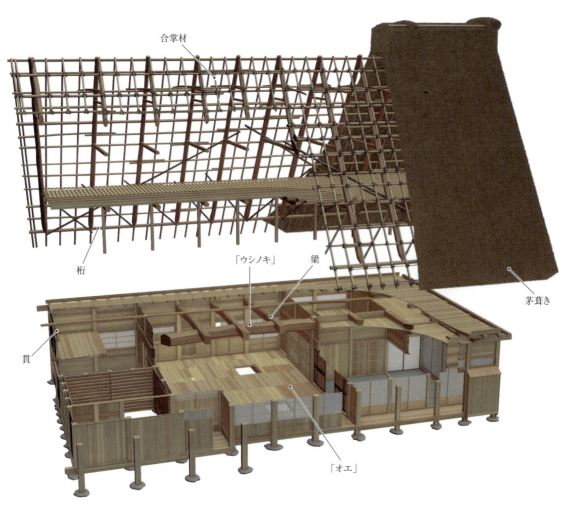

全体構成

（写真提供：松本直之氏）

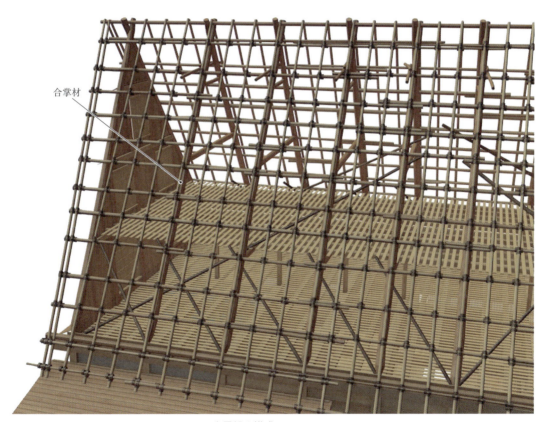

合掌材

小屋組の構成

実例に見る建築構法 3

【混構造の小さな家】 軽井沢の山荘
設計者：吉村順三
竣工年：1963年

吉村が自らの山荘として設計した。玄関とユーティリティだけの小さな鉄筋コンクリート造の1階部分の上に，大きく張り出す形で4間角正方形プランの木造が浮かぶように載せられている。

単純だが大胆な構成の建築である。

2階の張り出し部分の下には暖炉を持つ大きなテラスが，また2階部分には，雨戸，網戸，ガラス戸，障子の4種類の建具による大きな開口とバルコニーを持つ心地の良い居間と，台所，寝室が配されている。

2階部分は内部にも外部にも木材が多用されている。内部の壁，天井は合いじゃくり加工の杉板12mm厚，床は檜本実加工張り15mm厚，丸太の母屋と手摺には地元産のカラマツ，外壁と戸袋には杉板12mm厚が竪羽目張り・目板押さえで用いられている。

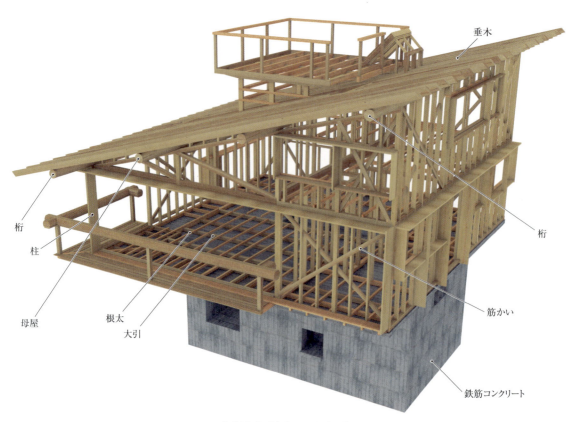

全体構成（協力：平尾寛氏）

外観（© Tuneo Sato）

内観（© Tuneo Sato）

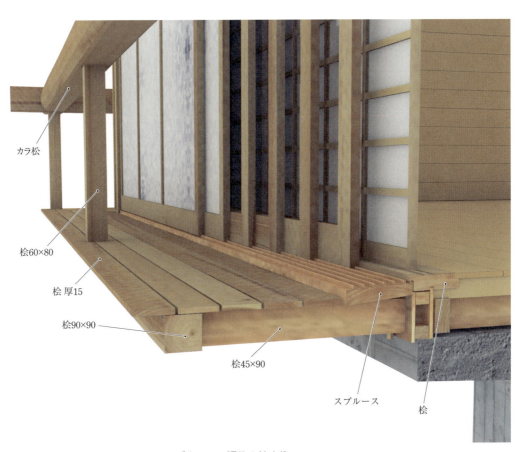

カラ松
桧60×80
桧 厚15
桧90×90
桧45×90
スプルース
桧

バルコニー廻りの納まり

実例に見る建築構法 4

【重厚な石張り外装】 日本生命日比谷ビル
設計者：村野・森建築事務所
竣工年：1963年

村野藤吾の代表作の一つである。コンクリート打放しやカーテンウォールによるモダニズム建築らしい外装が指向された当時の建築界にあって，切石による組積造を思わせるその重厚で奥行きのある外観は，内部ホールの意匠とともに，村野の建築観を反映した独自の作風としても注目された。1階の柱列の上に張り出して載せられた2階部分と，そこから更に3階以上の部分が張り出す構成は，外装の花崗岩が抱かせる組積造のイメージを覆すもので，RC造バルコニー床の張り出しとモルタルを用いた湿式工法による石張りによって実現されている。

外装全体構成

（写真提供：大林組）

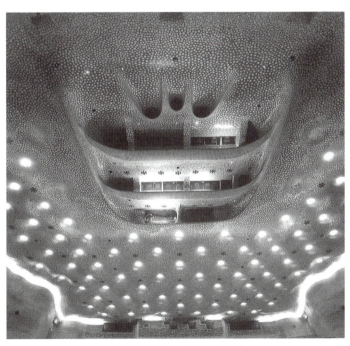

貝殻を埋め込んだホール天井

実例に見る建築構法 5

【HP シェルによる造形】
東京カテドラル聖マリア大聖堂

設計者：丹下健三＋都市・建築設計研究所
竣工年：1964 年

丹下健三の代表作の一つ。鉄筋コンクリート造複合 HP シェル構造で形作られた教会である。**HP シェル**は屋根面に用いられることが一般的であったが，ここでは 8 枚の HP シェルを壁のように建て，相互に梁で結合している点に大きな特徴があり，自重が主な荷重である一般的な屋根の HP シェルに対して，この建築ではシェル面にかかる風圧力と地震力が主な荷重になる。12cm 厚のシェルにはそれぞれ縁梁と 2m 間隔のリブが付けられ，三角形断面の梁を介して縁梁を接合することで，相互に連結している。外装の仕上げはステンレス板で，シェルのリブに取り付けられている。

シェル構造の全体構成

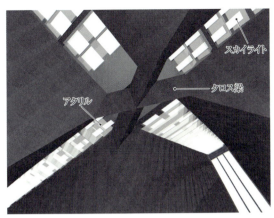

内部空間

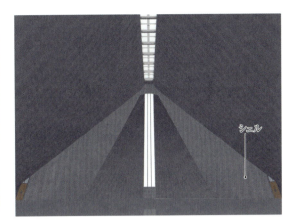

内部空間

外部空間

実例に見る建築構法6

【金属部品で構成された多機能な外壁】
パレスサイド・ビルディング
　設計者：日建設計（林昌二）
　竣工年：1966年

　竣工当時東洋一といわれた床面積を持つオフィスビル。2棟の細長い長方形プランの建物をずらして配置し、両端に円形平面のコアを配置することで、廊下の長さを短く抑え、執務空間を最大限確保することを可能にしている。外壁の基本はスチールサッシによる大きなガラス面だが、そこに足場としても使えるアルミ鋳物製の1.2m幅水平ルーバーを取り付けることで、日射を制御し、また、日常メンテナンスを容易にしている。このルーバーは、各階毎に漏斗状の受け口を持つ竪樋によって支えられる構成となっており、淡白で平面的になりがちなオフィスビルの外観を、細やかで洗練されたものにすることに成功している。

外壁の構成

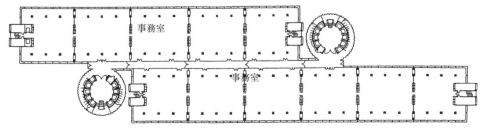

平面図

実例に見る建築構法 7

【超高層建築向けカーテンウォールの典型】
霞が関ビルディング

設計者：山下寿郎設計事務所
竣工年：1968年

日本初の超高層オフィス建築。この分野の先進国アメリカでは国連ビルをはじめ，1950年代からアルミ製の方立を用いた**カーテンウォール**構法が超高層建築に適用されていたが，日本では，31mの高さ制限が撤廃されたことを受けて建設されたこの建築において，初めて超高層建築向けカーテンウォールが実現された。外壁側に3.2m間隔で柱が配置されているため，外壁の構成もこれを基本単位としている。典型的なアルミ製方立によるものだが，柱型の部分をステンレスのカバーで覆うことで，単調さを回避し，外観にある種の気品を与えることに成功している。

外　観

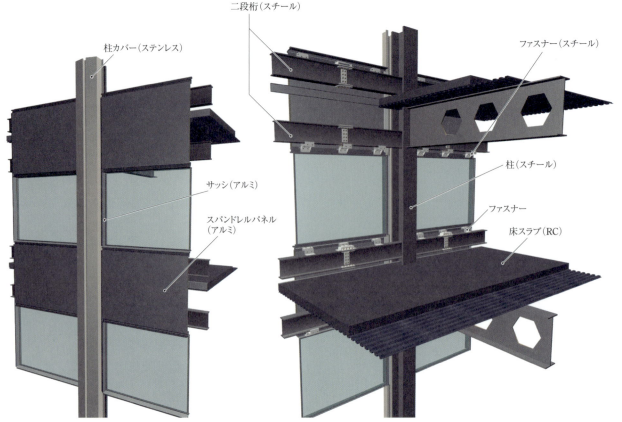

カーテンウォールと取り付ける構造部分の構成

実例に見る建築構法 8

【耐久性向上のため積み重ねられた構法改良】
熊本県立美術館
　設計者：前川國男建築設計事務所
　竣工年：1977 年

外観写真（写真提供：田村誠邦氏）

　鉄筋コンクリートの外壁面を**タイル張り**で仕上げる例は，最初期の鉄筋コンクリート造といわれる三井物産横浜支店（当時：遠藤於菟らの設計で1911 年に竣工）以来，日本においては長く存在してきた。その基本はモルタルにより貼り付ける方法だが，経年劣化に伴う剥落を防ぐ決定的な方法はなかった。前川國男は，1950 年代の日本相互銀行砂町支店（当時）の頃から，この剥落を防ぐために，タイルをコンクリートに直接打ち込む方法を追求してきた。本例はその典型例である。

　400mm×120mm の 35mm 厚タイルに 15mm の足をつけてコンクリートへの食い込みをよくするとともに，縦横ともに合じゃくりの納まりとしている。これを桟木のついた型枠に裏向きにセットし，コンクリートを打設する工法が採られた。

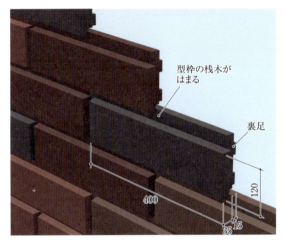

裏足のついたタイル

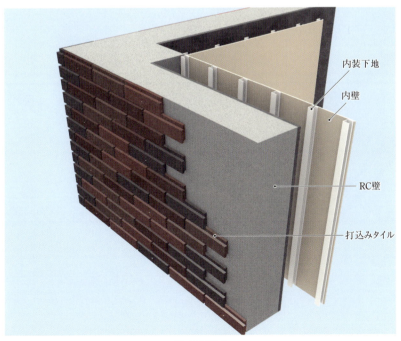

壁の層構成

実例に見る建築構法 9

【鉄骨ラーメンによる単純な箱から成る住宅システム】 セキスイハイム M1
設計者：大野勝彦，積水化学工業
竣工年：1970 年

工業的に進んだ生産技術を適用してつくられる住宅，「**工業化住宅**」の例。工業化住宅には工場生産された壁パネル等の部品を現場で組立てるパネル構法によるものが多いが，本例では，それらよりも工場生産化率を高めるよう，鉄骨ラーメンの箱を製作し，そこに外壁，屋根，内装，設備までを工場で取り付け，現場ではそれらをボルト接合し，接合部分を仕上げるだけとする構法が開発された。工場から出荷される箱のことを「**ユニット**」というが，その最大寸法は道路交通規制法によって決まる。それぞれのユニットは，用いられる住宅の設計内容，設置される位置によって，取り付けられる部品が異なり，工場のアセンブリーライン上では必要な作業内容の異なるユニットが流れている。

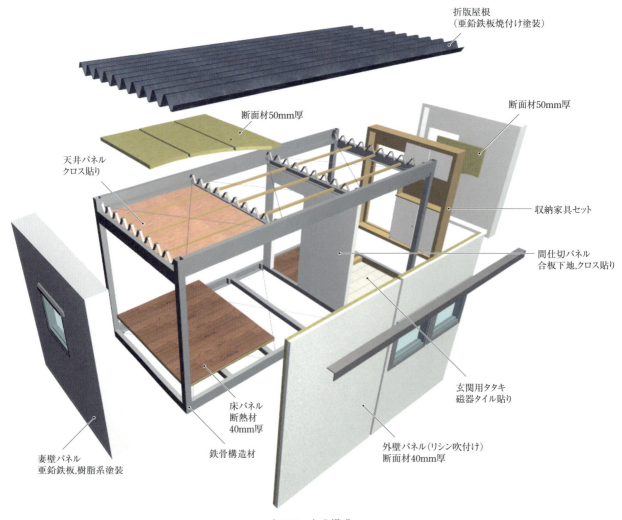

1 ユニットの構成

セキスイハウス（ユニット住宅）

M1 のユニットの輸送

（写真提供：積水化学工業株式会社）

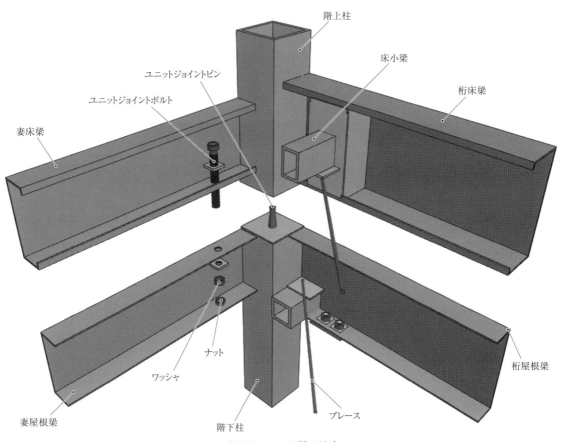

上下のユニット間の接合

索　　引

【あ】

亜鉛鉄板 …………………… 67
アースアンカー工法 ……… 36
アースドリル工法 ………… 35
アスファルト防水 ………… 140
校倉造 ……………………… 93
圧延材 ……………………… 98
圧入工法 …………………… 35
あばら筋（スターラップ）… 135
網入りガラス ……………… 117
アルミサッシ ……………… 118
アルミサッシの納まり …… 82
アルミニウム板 …………… 67
合わせガラス ……………… 117

【い】

異形鉄筋 …………………… 128
石張り構法 ………………… 145
板張壁 ……………………… 75
板目 ………………………… 42
一方向ラーメン・一方向ブレース構造 ………………… 103
一文字葺き ………………… 67
入母屋屋根 ………………… 64
インシュレーションボード … 46
インフィル ………………… 29

【う】

ウェブ ……………………… 99
ウェファーボード（WB）… 46
打上げ天井 ………………… 77
打ち込み工法 ……………… 35
打継目地 …………………… 133
打放し仕上げ ……………… 143
内法制 ……………………… 29
埋め込み工法 ……………… 35

【え】

ALC ………………………… 115
H形鋼 ……………………… 99
HPシェル ………………… 170

液状化現象 ………………… 32
SI方式 ……………………… 29
SRC造 ………………… 154, 158
SSG構法 …………………… 121
江戸間 ……………………… 28
N値 ………………………… 33
MPG構法 ………………… 121
円筒法 ……………………… 116

【お】

大壁 ………………………… 74
大引 ………………………… 49
押出成形セメント板 ……… 115
押し縁下見板張り ………… 70
踊り場 ……………………… 80
帯筋（フープ） …………… 135
オープンカット工法 ……… 36
オープンジョイント ……… 114
折置組 ……………………… 58
オールケーシング工法 …… 35

【か】

外殻PCa …………………… 152
改質アスファルト防水 …… 140
階段の有効幅 ……………… 80
開閉形式 …………………… 82
角形鋼管 …………………… 99
各部構法 …………………… 4
型板ガラス ………………… 117
形鋼（軽量形鋼） ………… 99
片流屋根 …………………… 65
型枠 ………………………… 130
合掌材 ……………………… 164
カーテンウォール …… 111, 174
かぶり厚さ ………………… 129
壁式構造 …………………… 133
壁式ラーメン構造 ………… 133
壁梁（ウォールガーダー）… 135
鴨居 ………………………… 84
茅葺き ……………………… 164
ガルバリウム鋼板 ………… 67
側桁階段 …………………… 80

瓦棒葺き …………………… 68
乾式石張り工法 …………… 145
含水率 ……………………… 42
乾燥収縮 …………………… 42
乾燥方法 …………………… 42
管柱 ………………………… 52

【き】

基準寸法（モデュール） … 28
基準面 ……………………… 28
木摺 ………………………… 75
既成杭 ……………………… 35
基礎底盤（フーチング） … 34
基礎パッキン工法 ………… 39
強化ガラス ………………… 117
京間 ………………………… 28
京呂組 ……………………… 58
許容地耐力 ………………… 33
切妻屋根 …………………… 65
切梁工法 …………………… 36
キングポストトラス ……… 162
金属系サンドイッチパネル … 115

【く】

杭 …………………………… 35
杭基礎 ……………………… 35
杭地業 ……………………… 35
管柱 ………………………… 52
グレージング ……………… 116

【け】

蹴上げ ……………………… 80
軽量形鋼 ……………… 99, 107
軽量衝撃音 ………………… 146
軽量鉄骨構造 ……………… 107
軽量鉄骨下地による内壁 … 148
桁 …………………………… 53
建築生産の工業化 ………… 26
現場打ち（コンクリート）… 150

【こ】

甲乙梁 ……………………… 60

鋼管構造 106	ジッパーガスケット 120	セメント 128
鋼管コンクリート造（CFT） 157	地縄 38	繊維板（ファイバーボード） 46
工業化住宅 107, 176	地盤 32	銑鉄 98
高強度コンクリート 131, 138	地盤改良 34	**【そ】**
構工法 3	支保工 130	層間変位追従 113
構造シーラント 121	JAS規格 44	造作用集成材 46
構造用集成材 46	集成材 46	**【た】**
鋼鉄 98	重量衝撃音 146	耐火構造 89
格（格縁）天井 77	衝撃音に対する対策 146	耐火被覆 102
鋼板（厚板・薄板） 99	職種 27	大断面集成材構法 95
合板 45	心押え 28	ダイアフラム 101
構法 3	真壁 74	タイル張り 143, 175
工法 3	シングルグリッド 29	畳 73, 146
広葉樹 43	伸縮目地 140	建具の開閉形式 82
高力ボルト接合 100	心々制 29	たてはぜ葺き 68
木舞 75	針葉樹 43	縦羽目板張り 69
小屋組 56, 91	**【す】**	建物の絶対高さ制限 154
小屋梁 56	水密性能 16	谷木 58
コールドジョイント 132	スウェイ方式 113	ダブルグリッド 29
【さ】	スウェーデン式サウンディング試験 33	垂木 56
サイトプレファブ 151	スケルトン 29	断熱サッシ 118
サイディング 70	筋かい 54	単板積層材（LVL） 46
在来構法 47	スチールサッシ 118	段葺き 68
竿縁天井 77	捨型枠 131	**【ち】**
ささら桁階段 80	ステンレス鋼板 67	地下室 37
ささら子下見板張り 70	ステンレス防水 142	力桁階段 81
差鴨居 164	スパンドレル方式 111	地業 32
サッシ 118	スプライスプレート 101	中質繊維板（MDF） 46
桟瓦葺き 67	スペースフレーム構造 105	中性化 129
三層ガラス（トリプルガラス） 117	隅木 58	張弦梁構造 106
【し】	隅肉溶接 100	超高層建築 174
シアーコッター 151	スライディングフォーム 131	超高層RC造 138
GLボンド 148	スランプ値 131	帳壁 111
CFT 157, 158	スリーブ継手 152	直行集成板（CLT） 46
シェル構造 139	スレート葺き 68	直交異方性 42
直仕上げ天井 146	**【せ】**	直接基礎 34
敷居 84	製材 44	ちりじゃくり 75
敷梁 56	井楼組み 93	**【つ】**
仕口 61	せき板 130	束 56
システム天井 124	施工図 24	突き合わせ溶接 100
下見板張り 69, 70	石膏ボード 146	継手 61, 129
湿式石張り工法 145	石膏ボード天井 146	ツーバイフォー構法 88
シート防水 142	折板屋根 108	妻梁 53
	折板構造 137	

面押え ……………………… 29	根切り（掘削）……………… 36	吹付け仕上げ ……………… 143
吊木 ………………………… 78	根太 …………………… 49, 59	複層ガラス（ペアガラス）… 117
【て】	根太レス構法 ……………… 51	普通ボルト接合 …………… 100
低放射ガラス ……………… 117	熱線吸収ガラス …………… 117	不等沈下（不同沈下）……… 32
DPG 構法 ………………… 121	熱線反射ガラス …………… 117	踏面 ………………………… 80
出隅・入隅 ………………… 75	熱膨張率 …………………… 129	ブラケット ………………… 101
デッキプレート …………… 101	根巻きコンクリート ……… 102	フラットスラブ …………… 138
鉄筋コンクリート（RC）… 128	**【の】**	プラットフォーム構法 …… 88
鉄骨鉄筋コンクリート造（SRC造） …………………… 154	軒桁 ………………………… 53	フランス積み …………… 7, 162
鉄骨ラーメン構造 ………… 101	野地板 ……………………… 66	フランジ …………………… 99
照り（てり）……………… 65	野縁 ………………………… 78	フリーアクセスフロア（OA フロア）……………………… 122
天井 ………………………… 77	**【は】**	プレカット ………………… 61
天井高さ …………………… 78	倍強度ガラス ……………… 117	フレキシブルボード ……… 147
天井の構法 ………………… 77	配筋 ………………………… 129	プレキャストコンクリート（PCa）……………………… 150
天井の種類 ………………… 77	配向性ストランドボード(OSB) …………………………… 46	プレストレストコンクリート …………………………… 137
【と】	ハイブリッド造 …………… 158	プレテンション方式 ……… 137
ドイツ下見板張り ………… 70	バイブレーター …………… 132	プレファブ化 ……………… 26
土居葺き …………………… 66	はさみ梁 …………………… 162	プレファブリケーション … 151
胴差 ………………………… 53	場所打ち（コンクリート）… 150	フロート板ガラス ………… 117
等沈下 ……………………… 32	場所打ち杭 ………………… 35	フロート法 ………………… 116
銅板 ………………………… 67	柱・梁カバー方式 ………… 111	フローリング …………… 72, 146
通し柱 ……………………… 52	はぜ ………………………… 67	**【へ】**
独立基礎 …………………… 34	パーティクルボード ……… 46	平面トラス構造 …………… 104
床の間 ……………………… 85	ハードボード …………… 46, 147	べた基礎 …………………… 34
土台 ………………………… 48	パネル方式 ………………… 111	**【ほ】**
トーチ ……………………… 140	幅木 ………………………… 75	防火区画 …………………… 123
塗膜防水 …………………… 142	羽目板張り ………………… 75	方形屋根 …………………… 64
ドライウォール工法 ……… 92	パラペット ……………… 110, 141	防水性能 …………………… 16
トラス構造 ………………… 58	パララム®（PSL）………… 46	防水層 ……………………… 66
【な】	バルーンフレーム構法 …… 88	防湿土間コンクリート …… 39
波板葺き …………………… 109	ハンチ ……………………… 135	方立 ………………………… 55
南京下見板張り …………… 70	**【ひ】**	防腐防蟻処理 ……………… 48
【に】	火打ち梁 …………………… 60	補強金物 …………………… 63
日本農林規格（JAS）…… 44, 89	PCa カーテンウォール …… 111	保護コンクリート ………… 140
【ぬ】	PCa 壁式構造 …………… 151	ポストテンション方式 …… 137
貫 …………………………… 55	PCa ラーメン構造 ……… 152	ホールダウン金物 ……… 52, 54
布基礎（連続基礎）………… 34	標準貫入試験 ……………… 33	ボルト接合 ………………… 100
塗り壁 …………………… 71, 75	**【ふ】**	ポルトランドセメント …… 128
【ね】	ファイヤーストップ ……… 89	本瓦葺き …………………… 67
根がらみ貫 ………………… 50	フィルドジョイント ……… 114	**【ま】**
	ファスナー ………………… 113	柾目 ………………………… 42
	VE 提案 …………………… 24	

窓台 …………………… 55	【や】	【り】
窓まぐさ ………………… 55	役物 …………………… 144	リサイクル ……………… 30
マリオン方式 …………… 111	屋根勾配 ………………… 64	立体トラス構造 ………… 105
丸鋼 …………………… 128	山形ラーメン構造 ……… 104	リバースサーキュレーション
廻り縁 …………………… 79	山留め壁 ………………… 36	工法 ………………… 35
【み】	遣り方 …………………… 38	リベット接合 …………… 100
水糸 ……………………… 38	ヤング係数 ……………… 44	リユース ………………… 30
【む】	【ゆ】	【る】
起り（むくり）………… 65	床仕上げ ……………… 146	累加強度式設計法 ……… 155
【め】	床下換気口 ……………… 39	ルーフドレイン ………… 141
目透し天井 ………… 77, 147	床束 ……………………… 50	【れ】
メタルカーテンウォール … 111	床梁 ……………………… 60	錬鉄 ……………………… 98
【も】	ユニット ……………… 176	【ろ】
木材 ……………………… 42	【よ】	Low-E ガラス …………… 117
木質材料 ………………… 45	洋小屋 …………………… 58	ログハウス ……………… 93
木製サッシ …………… 118	溶融亜鉛めっき鋼板 …… 67	ロッキング方式 ………… 113
木造軸組構法 …………… 47	寄棟屋根 ………………… 64	ロールアウト法 ………… 116
木骨煉瓦造 …………… 162	【ら】	【わ】
モデュラーコーディネーション	ライフサイクル ………… 29	枠組壁工法 ……………… 89
………………………… 28	ラミネート天井板 ……… 147	和小屋 …………………… 56
母屋 ……………………… 56	ラーメン構造 …… 101, 134	割ぐり地業 ……………… 35
モルタル ……………… 128	欄間 ……………………… 84	

[編著者] **松村　秀一**　Shuichi Matsumura
昭和55年　東京大学工学部建築学科卒業
昭和60年　東京大学大学院工学系研究科　博士課程修了
現　　在　東京大学教授　工学博士

[著　者] **小見　康夫**　Yasuo Omi
昭和60年　東京大学工学部建築学科卒業
平成7年　東京大学大学院工学系研究科　博士課程修了
現　　在　東京都市大学教授　博士（工学）

清家　剛　Tsuyoshi Seike
昭和62年　東京大学工学部建築学科卒業
平成元年　東京大学大学院工学系研究科　修士課程修了
現　　在　東京大学准教授　博士（工学）

平沢　岳人　Gakuhito Hirasawa
昭和63年　東京大学工学部建築学科卒業
平成5年　東京大学大学院工学系研究科　博士課程修了
現　　在　千葉大学教授　博士（工学）

名取　発　Akira Natori
平成5年　東京理科大学工学部建築学科卒業
平成11年　東京大学大学院工学系研究科　博士課程修了
現　　在　東洋大学准教授　博士（工学）

（肩書きは，第二版発行時）

3D図解による　建築構法 第二版

2014年 3 月10日　初　版　発　行
2016年12月20日　第 二 版 発 行
2024年 2 月20日　第二版第7刷

編著者　松　村　秀　一
発行者　澤　崎　明　治

（印刷・製本）大日本法令印刷

発行所　株式会社　市ヶ谷出版社
東京都千代田区五番町 5 番地　（〒102-0076）
電話　03—3265—3711(代)
FAX　03—3265—4008
http://www.ichigayashuppan.co.jp
E-mail　desk@ichigayashuppan.co.jp

Ⓒ 2016　　ISBN 978-4-87071-007-8